FICHA CATALOGRÁFICA

(Preparada na Editora)

Franco, Divaldo Pereira, 1927-

F825r *Rumo às Estrelas* / Divaldo Pereira Franco, Espíritos Diversos. Prefácio de Joanna de Ângelis (Espírito). Tradução de Wilson Frungilo Júnior, revisão de Hércio Marcos C. Arantes. Araras, SP, 3ª edição, IDE, 2011.

256 p.

ISBN 978-85-7341-501-8

Tradução de: *Hacia las Estrellas*. Mensaje Fraternal, Caracas, Venezuela, 1ª ed., 1990.

1. Espiritismo 2. Psicografia - Mensagens I. Espíritos Diversos II. Frungilo Júnior, Wilson, 1949 -   III. Arantes, Hércio Marcos C., 1937-   IV. Título.

CDD -133.9
-133.91

Índices para catálogo sistemático
1. Espiritismo 133.9
2. Psicografia: Espiritismo 133.91

RUMO ÀS Estrelas

Título do original:
HACIA LAS ESTRELLAS

Tradução:
WILSON FRUNGILO JÚNIOR

Revisão:
Hércio Marcos C. Arantes

Capa:
César França de Oliveira

Internet:
http://www.ideeditora.com.br
e-mail: comentarios@ideeditora.com.br

© 1992, Instituto de Difusão Espírita

3ª edição – março/2011
2ª reimpressão - outubro/2015
2.000 exemplares
(25.001 ao 27.000)

Todos os direitos estão reservados.
Nenhuma parte desta obra pode ser reproduzida ou transmitida
por qualquer forma e/ou quaisquer meios (eletrônico ou mecânico,
incluindo fotocópia e gravação) ou arquivada em qualquer
sistema ou banco de dados sem permissão, por escrito,
do Instituto de Difusão Espírita.

INSTITUTO DE DIFUSÃO ESPÍRITA
Av. Otto Barreto, 1067 - Cx. Postal 110
CEP 13600-970 - Araras/SP - Brasil
Fone (19) 3543-2400
CNPJ 44.220.101/0001-43
Inscrição Estadual 182.010.405.118

www.ideeditora.com.br

IDE EDITORA É APENAS UM NOME FANTASIA UTILIZADO PELO INSTITUTO DE DIFUSÃO ESPÍRITA, ENTIDADE SEM FINS LUCRATIVOS, QUE PROMOVE EXTENSO PROGRAMA DE ASSISTÊNCIA SOCIAL, O QUAL DETÉM OS DIREITOS AUTORAIS DESTA OBRA.

DIVALDO FRANCO

RUMO ÀS Estrelas

Em favor de um mundo melhor
e de um homem mais feliz

Sumário

Apresentação 10
1 - Evangelização espírita 14
2 - A virtude 18
3 - Vida interior 26
4 - Províncias de sombra e de dor 32
5 - Fantasias e realidades 40
6 - A idade de ouro 48
7 - Curas paranormais 56
8 - A vitória da vida 66
9 - A violência no homem 74
10 - Memória extracerebral e reencarnação 80
11 - Suicídio: o grande crime! 88
12 - Liberdade de consciência 96
13 - Duas alternativas 102
14 - Paranormalidade mediúnica 106
15 - Sexo, sexualidade e amor 116
16 - Amor e educação 122
17 - O sentido da vida 128
18 - Conquista intelectomoral 134
19 - Caridade: luz do amor 140
20 - Os estados de consciência 146
21 - Condicionamentos viciosos 154

22 - Responsabilidade moral 160
23 - Alienação obsessiva... 166
24 - A fé religiosa 174
25 - O amor floresce... 182
26 - A ética espírita 188
27 - Aplicação do conhecimento espírita.................................... 196
28 - Espiritismo: caminho da felicidade..................................... 202

Sínteses biográficas

Adolfo Bezerra de Menezes 207
Amalia Domingo Soler... 209
Antonio Ugarte 211
Bruno Hermelindo Bravo Garcia 213
Cosme Mariño 214
Daniel Suárez Artazú 217
Francisco Indalecio Madero... 219
Germán del Prado (Padre) 223
Humberto Mariotti... 224
Jose María Fernandez Colavida 227
Josefina Arámburu de Rinaldini... 230
Joanna de Ângelis 231
Luis di Cristóforo Postiglioni... 232
Matilde Rivera de Villar... 234
Miguel Vives y Vives 237
Pedro Álvarez y Gasca 238
Quintín López Gómez 242
Rufino Juanco.. 245

Apresentação

O MÉDIUM DIVALDO PEREIRA FRANCO ESTEVE realizando conferências no México e na Guatemala, entre os dias 10 a 19 e 20 a 23 do mês de agosto de 1984, respectivamente, atendendo à oportuna programação espírita que lhe fora proposta.

Aproveitando a oportunidade, convidamos diversos Amigos Espirituais que trabalharam nas atividades espíritas daqueles países, quando estiveram na Terra e a outros dedicados obreiros da doutrina que atuaram em outros lugares, para que escrevessem, mediunicamente, pelo companheiro, uma obra, compreendendo diferentes temas sob o enfoque kardecista e de acordo com a opinião pessoal de cada um.

Em horários previamente estabelecidos para esse fim, com anuência do médium, foram psicografadas as páginas que, agora, apresentamos reunidas neste livro, que traz, inclusive, minibiografias dos autores, por nímia deferência daqueles que estiveram de acordo em escrevê-las.

Anteriormente, durante o Primeiro Curso Internacional de Preparação de Evangelizadores da Infância e Juventude, que foi organizado pela Federação Espírita Brasileira, no mês de julho do mesmo ano, o médium Divaldo recebeu, psicofonicamente, duas mensagens dos Espíritos Amalia Domingo Soler e Bezerra de Menezes, diante do público que participava daquele trabalho. Pelo interesse que as mesmas despertaram, incluímos essas comunicações para completar o conjunto da obra*.

Vivemos, na Terra, momentos muito graves para a criatura humana, que se apresenta, geralmente, aturdida e sofredora. Por ser o Espiritismo a grande terapia preventiva e curadora para os seres, cremos que estas páginas poderão, de alguma forma, contribuir em favor do esclarecimento íntimo de quem as leia, oferecendo-lhe uma visão tão correta como oportuna da realidade, impulsionando avanço no rumo do progresso e da paz.

Se elas ajudarem, ainda que seja a uma única pessoa, brindando-lhe o conhecimento espírita e a levar ao estudo e à vivência do Espiritismo, nos daremos por satisfeitos, por ter sido alcançado o intento pelo qual apresentamos este trabalho, sem pretensões nem jactância.

O desejo de todos os que participaram desta sin-

---

* As mensagens referidas foram publicadas no órgão informativo da FEB, *Reformador*, nos meses de dezembro de 1984 e janeiro de 1985, respectivamente. (Nota da Editora)

gela tarefa é o de contribuir em favor de um mundo melhor e de um homem mais feliz.

Crendo haver cumprido com nosso compromisso, imploramos a Deus Suas bênçãos para todos nós.

Joanna de Ângelis

Salvador, 3 de outubro de 1985

1
Evangelização espírita

QUERIDOS AMIGOS, QUE JESUS NOS ABENÇOE:

Já não vos digo amanhã, porque o dia começa na madrugada. Afirmo: agora, este é o momento de nossa transformação moral. Junto com as conquistas do conhecimento, somos chamados à aplicação da moral espírita. O mundo convulsionado de hoje agoniza; e dos escombros que se apresentam como efeitos da iluminação, surge a esperança de um mundo mais feliz.

Aos depositários deste trabalho, compete a tarefa de aplicar os tesouros da Doutrina Espírita na argamassa do progresso superior da Humanidade. Os desafios são perturbadores, as dificuldades parecem impedir a realização nobre, mas Jesus não nos oferece facilidades frente ao mundo e a César. As tarefas de grande porte, hoje, pertencem aos cristãos espíritas.

Provenientes de um passado conflitante, comprometemos-nos novamente a servir a Humanidade no álgido de sua evolução tecnológica, com os valores do Amor a Deus e ao próximo.

Se fosse solicitada uma diretriz para esse serviço, não a encontraríamos em outra regra que não fosse aquela de ouro, apresentada pelo Divino Mestre: "Amar a todos"; "Abençoar aos que nos perseguem e caluniam"; "Perdoar tantas vezes quanto sejam necessárias"; "Servir sem esperanças de receber retribuição"; "Colocar sobre os ombros a cruz da sublimação evangélica para depositá-la no calvário da liberdade espiritual."

Fostes convidados para lavrar a terra virgem do coração infantil. A criança e o jovem de hoje podem preservar a grandeza destes valores, sem o entorpecimento das paixões grosseiras que resultam da herança ancestral do primitivismo do próprio espírito. Oferecer-lhes a técnicas de resistência para superar o mal que reside em nós mesmos, é o ministério para o qual vos preparais com objetivo de futuro.

Permanecereis – ainda depois de sair do corpo –, viajando nessas mentes e corações que se chamam manhã desde hoje, ampliando os horizontes felizes da Humanidade.

Não temais!

Tenhais coragem!

Servir à Doutrina Espírita é a honra que suplicastes viver na atual conjuntura reencarnacionista. Elegestes Jesus e será inevitável que sofrais as agressões do mundo enfermo e violento.

Jesus é Paz. O mundo é conflito.

Jesus é Luz. O mundo é sombra.

Jesus é Amor. O mundo é egoísmo.

Colocando o Amor acima dos interessesególatras, transformai-vos em eternos mensageiros da esperança, derramando a luz da Verdade entre as sombras que perturbam as consciências humanas.

Ide, pois, heróis da Era Nova, erguendo o estandarte da paz, lutando com as armas da educação e do amor: educação que equilibra, que redescobre os valores da inteligência e do sentimento, e amor que fala ao infinito da perfeição.

BEZERRA DE MENEZES

(Mensagem recebida, psicofonicamente, por Divaldo Pereira Franco, em Brasília, na manhã de 24 de julho de 1984, na ocasião da visita realizada pelas delegações, no Salão Unificação do Conselho Federativo Nacional, da FEB, ao celebrar-se o Primeiro Curso Internacional de Preparação de Evangelizadores Espíritas da Infância e da Juventude.)

2

A virtude

ETIMOLOGICAMENTE, VIRTUDE PROVÉM DO TERMO latino *virtus,* originário, por sua vez, de *vir,* qualidade distintiva de viril ou masculino.

Para Cícero, virtude é a força viril ou valor moral que se sobrepõe ao sofrimento e à morte.

De forma ordinária ou vulgar, a virtude pode ser considerada como a força física ou moral que produz qualquer coisa.

Desde o ponto de vista físico, a caracterizamos ao dizer: a aviação tem a *virtude* de transportar com rapidez... Além disso, se afirma: em *virtude* da posição de que desfruta o Governador...

Com referência à *virtude moral*, esta é uma disposição habitual para fazer o bem. Conclui-se, por isso, que é um estado constante e não esporádico.

E afirmava Aristóteles que "o homem virtuoso é aquele que encontra prazer em realizar atos de virtude."

Com isso, a virtude se transforma no hábito do bem, pois se incorpora ao *modus operandi* do indivíduo, tornando-se parte integrante de sua natureza.

A virtude sempre trabalha fiel às manifestações psicológicas e diante das leis, criando necessidade de atuar e produzindo prazer ao realizá-lo.

O homem a adquire com o esforço dirigido ao bem que o inspira e, insistindo em praticá-la, conforma sua vida a seus ditames.

Para conseguir essa disposição é imprescindível adquirir o conhecimento do bem: quer dizer que o homem saiba o valor moral de seus atos, de acordo com as leis morais.

Assim, a tendência ao bem é o primeiro passo para a virtude; sua realização se transforma em experiência estimuladora; porém, só é virtude quando se constitui em um hábito natural, consciente e prazeroso.

O motivador da virtude e seu alimento é o amor ao bem, como afirmava Aristóteles, que o "Homem virtuoso é aquele que faz do bem uma necessidade imprescindível, que põe sua felicidade no bem."

Somente os homens livres interiormente possuem a virtude, porque seus atos são resultado de sua livre determinação, por ordem íntima de sua vontade pessoal.

Santo Agostinho, que a adquiriu com grande esforço e perseverança, repassando mentalmente antes de dormir, todos os seus atos para verificar nos quais não fora correto e poder corrigi-los no dia seguinte, ensinava: "Virtude é a boa qualidade do ânimo, pelo qual se vive bem e a qual ninguém usa mal", de acordo com sua argumentação moral.

Assim, o homem se inclina, moralmente, a uma constante ação do bem, que lhe faz bem através das boas ações.

A virtude é o resultado da ação consciente, iluminada pela inteligência e resultante de uma vontade determinada a fazer sempre o bem e amparada pelo sentimento que lhe propicia cooperação para seu cumprimento.

Sócrates, em sua ética, utilizando-se da teoria intelectualista, afirmava que a virtude "é a ciência do bem", considerando que ninguém é conscientemente mau.

O homem, quando apresenta más ações, certamente, está enfermo, fora de sua razão. Há, em todos os seres pensantes, uma tendência inata para o bem, porque todos possuem, em seu íntimo, a presença do psiquismo divino.

Herdeiro de Deus, o homem é *deus* em sua essência primeira a evoluir constantemente, rumo à perfeição.

Os epicuristas, apoiados em seu hedonismo, consideravam a virtude como a arte ou a técnica para um gozo físico ou emocional, que resultasse na moral de seu próprio interesse.

Há, com efeito, virtudes intelectuais e morais.

As primeiras, atuam para o aperfeiçoamento da inteligência, e as segundas, para trabalhar em favor da vontade, do sentimento e demais tendências.

A virtude intelectual busca a verdade, mediante o estudo, a reflexão, a atenção, que fortalecem a mente, desenvolvem a inteligência, na direção do objetivo que persegue: a posse da verdade, o conhecimento da ciência, a aquisição da sabedoria...

A virtude moral se desdobra em quatro classes de virtudes essenciais ou básicas, conhecidas desde a antiguidade: prudência, moderação, justiça e fortaleza, conforme as enumerava Aristóteles, fundamentais à sã conduta do homem.

Tradicionalmente, pode-se, ainda, classificar as virtudes como pessoais – para o aperfeiçoamento do indivíduo –; sociais – que o preparam para fazer sempre o bem ao próximo –; e religiosas – que facultam e dão sentido aos deveres em relação a Deus.

É possível acrescentar às virtudes o bom conselho ou a arte de bem aconselhar, o reto juízo ou o sentido comum que dá a capacidade para avaliar ou julgar os acontecimentos em seu valor real e às pessoas em sua própria realidade e outras expressões virtuosas...

O maior inimigo da virtude é o vício ou disposição para fazer o mal; este resulta dos apetites inferiores da personalidade, com seus consequentes danos morais.

O vício é herança do primitivismo que ainda perdura na natureza humana, cuja vontade moral, débil, se submete a seus impulsos em prejuízo da razão.

A virtude é a conquista mais desafiante para o homem, que deve se empenhar em consegui-la.

Ela propicia, à vida, nobreza e dignidade, trocando as asperezas do processo evolutivo e facultando alegrias ao superá-las.

A arte, a ciência, a tecnologia facilitam e embelezam, sem dúvida, a vida, porém, somente a aquisição da virtude moral proporciona ao homem equilíbrio, autocontrole, feliz intercâmbio com seus semelhantes e com tudo o que o rodeia, transformando-se na mais alta realização pessoal.

Das virtudes cardinais bem vividas, nascem a fé, a esperança e a caridade, sem as quais o indivíduo não se encontra com seu próprio eu.

Dessas, surgem a humildade, o perdão, a paciência, a abnegação, a renúncia, a beneficência...

Diante de todas, para o perfeito êxito, impõe-se a humildade. Sem esta, as outras enfraquecem e perdem seu valor.

O orgulho, a vaidade, a presunção constituem vícios que impedem o desenvolvimento e a grandeza da virtude.

A ética espírita, examinando as virtudes cardinais ou essenciais para o homem, fiel ao pensamento cristão e paulino, estabelece que a caridade ou ação do bem por amor ao bem em favor de alguém, com conhecimento do bem, é, por excelência, a base mais importante para a conquista de outros relevantes valores morais.

Examinando a necessidade da virtude para o homem, ensina François-Nicolas-Madeleine (Espírito), em O Evangelho Segundo o Espiritismo (*): "A virtude, em seu mais alto grau, encerra o conjunto de todas as qualidades essenciais que constituem o homem de bem. Ser bom, caritativo, laborioso, sóbrio e modesto, são as qualidades do homem virtuoso. Infelizmente, estas qualidades estão, muitas vezes, acompanhadas de pequenas enfermidades morais que lhes tiram o brilho e as atenuam. O que faz ostentação de sua virtude não é virtuoso, posto que lhe falta a qualidade principal: a modéstia, e posto que tem o vício mais contrário: o orgulho."

QUINTÍN LÓPEZ GÓMEZ

---

* Capítulo XVII - Item 8.

3

Vida interior

O HOMEM, POR EXCELÊNCIA, É SUA VIDA MENTAL.

Suas realizações humanas são a materialização de cada programação interior.

Se lhe pode propor: diga-me o que pensas e saberei quem és.

Os tempos modernos, entretanto, em razão das conquistas da avançada tecnologia, o têm impulsionado para o mundo exterior, onde adquire recursos para viver e gozar, distraindo-o de outras ocupações não menos importantes, que lhe falam a respeito de sua realidade completa.

Como consequência, tem-se afastado das questões espirituais que converteu em manifestações externas de culto, em simbologias e despropósitos como forma de permanecer acomodado ao prazer, sem reflexões profundas.

Este comportamento o tem conduzido ao ceticismo, à indiferença, inclusive em relação a seu próximo, cujos problemas parecem não merecer sua consideração.

Afastando-se dos demais, egoisticamente, só

pensa em seus interesses mais imediatos, construindo o futuro material somente para si e para os seus.

Tais aquisições, apesar de seus valores temporais e relativos, não conseguem harmoniza-lo com a vida, transformando-se, muitas vezes, em motivo de disputas, de invejas e lutas cruéis, nas quais se frustra, caindo, vencido, por outros mais astutos.

Os valores externos enchem espaços, deixando vazio o coração, não satisfazendo o ser íntimo; por isso, vê-se indivíduos prósperos economicamente, porém irritáveis, violentos, insatisfeitos, enquanto que outros, sem as mesmas posses, apresentam-se tranquilos, bem dispostos, confiantes.

Há uma necessidade urgente de que o ser reencontre sua intimidade, descobrindo todo o potencial de forças inesgotáveis que existem, aguardando-o, para alcançar a finalidade à que lhe destina a vida.

Este é um desafio que exige valor moral e aplicação de recursos espirituais, para alcançar o êxito. Porém, com isso, as consequências terão um rendimento insuperável e permanente.

Conhecendo suas forças, o ser sabe conduzi-las, aplicá-las com sabedoria, canalizar suas aspirações e conseguir o triunfo que o coroará de paz.

O Espiritismo é a Doutrina especialmente dotada de meios para tal conquista.

Ciência do Espírito, leva o pensamento à investigação das causas, cujos efeitos se apresentam no cotidiano. Interpretando-os, converte-se em seu condutor, trocando os resultados que, então, serão positivos e construtivos.

Remontando-se à origem da vida em si mesma, compreende quão frágil é a organização material e suscetível de transformação, como para deixar-se arrastar por seus enganos.

Observar o mecanismo da vida é defrontar-se com todo um complexo sistema de realizações, que deve merecer contínuo trabalho a fim de penetrá-lo em sua intimidade mais sutil.

Todo um conjunto de leis surge, reclamando estudo e compreensão, o que resulta em uma filosofia, por sua vez, otimista, que aclara os aparentes enigmas desafiantes para a inteligência e o sentimento.

Partindo da Causa Primeira, com o Espiritismo se chega a todos os efeitos, num encadeamento lógico, simples e real, que propicia a equação do que parece uma incógnita.

Surge, disto, uma ética baseada na sã moral, quer dizer, a moral do bem e do amor que deve dirigir o destino de todos os seres humanos.

Isto exige introspecção e vida íntima.

Assim, como se necessita de tempo para a digestão e assimilação dos alimentos, do mesmo modo, para a manutenção da alma, faz-se imprescindível a imersão mental no oceano do mundo interior.

Quanto mais se acostuma na busca de respostas em sua intimidade, à reflexão do conhecimento para penetrar-lhe o sentido, mais robusto se faz quem aceitou o desafio da conquista espiritual de si mesmo.

A introspecção pessoal oferece visão otimista da vida e seus problemas, impedindo que os dissabores, as surpresas negativas, produzam estados patológicos na personalidade ou na organização somática.

O ser que possui vida interior, consegue viver em um clima psíquico saudável, no qual o bem-estar constitui uma constante em todas as situações a que se sinta conduzido.

Para ele, não há mudanças bruscas, senão, variações que não alteram substancialmente seu comportamento.

O homem necessita tanto alimentar o corpo como a alma.

O pão do Espírito são os pensamentos agradáveis que estimulam a vivência do bem pela seleção natural de valores mentais.

Quem não se acostuma a pensar de forma edificante, cai no marasmo mental e moral ou se aflige sob as ideias negativas, vulgares, entorpecedoras que lhe acometem, enchendo seu campo psíquico.

Ninguém, com uma mente normal, vive sem pensar.

Para isto, não é preciso afastar-se de seus deveres sociais, familiares e compromissos diários, mas ao contrário, com o hábito de viver interiormente, mais fácil lhe resulta o trabalho externo, posto que, assim, dispõe de visão perfeita, propiciadora de uma relação agradável, sempre enriquecida de beleza e ideal que contagiam todos aqueles que formam parte de seu círculo de amizades.

O Espiritismo é, assim mesmo, a doutrina que ensina a conquistar a vida íntima pelo conhecimento de si mesmo, para conseguir a real vitória no mundo externo onde tem, o homem, que progredir indefinidamente, rumo à perfeição.

Daniel Suárez Artazú

4
Províncias de sombra e de dor

Uma das grandes dificuldades para quem escreve a respeito de paisagens desconhecidas, é a utilização de palavras conhecidas, carregadas emocionalmente de interpretação simbólica, que levam o leitor a uma conclusão incorreta.

Imaginemos alguém que vivesse em uma sociedade primitiva e que, por circunstância imperiosa, fosse retirado dali e colocado em uma comunidade superior, logrando a possibilidade de que, transcorrido longo tempo, pudesse voltar a comunicar-se com seus conterrâneos que havia deixado.

No princípio, seria a perplexidade que assaltaria os companheiros que recebessem as notícias, pois o consideravam aniquilado, havendo-o esquecido; depois, seriam as suspeitas, quando ele descrevesse a região em que se encontrava, especialmente se esta fosse constituída por elementos conhecidos, porém estivesse constituída na imaginação por conhecimentos rudimentares e lendas, formando parte das abstrações religiosas vigentes em sua comunidade.

Muito dificilmente seria captada a comunicação e mesmo aceita; só através de reflexões e continuadas revelações se destruiriam, ao longo do tempo, os antigos conceitos a esse respeito, permanecendo somente algumas dúvidas por dificuldade razoável de aceitação total.

Isto nos sucede, a nós, Espíritos, considerados mortos e, portanto, aniquilados na personalidade e na individualidade.

Para a mente nihilista, que se adaptou à comodidade do conceito, mediante o qual tudo volta ao nada, ou para os espiritualistas modelados pela ortodoxia religiosa e sem o hábito de mais altos voos intelectuais, qualquer notícia que choque com suas filosofias é rechaçada de pronto, sem antes haver sido examinada ou ridicularizada, por constituir uma mudança conceitual que, certamente, revoluciona o estabelecido e aceito.

Negando, os primeiros, a vida além do túmulo, supõem que ela não exista, em razão de sua prosaica acomodação mental, que recusa um exame sério do que ignora. Assim, anula a hipótese de como e onde vivem os *mortos*.

Inconscientemente, estes que pretendem anular a vida fogem da realidade por mecanismos psicológicos, por temor a enfrentá-la, o que não impede que venham a encontrar-se com a mesma após seu decesso.

Os segundos, pese a crença na continuação da vida depois da morte, não se permitiram aprofundar a tal respeito, transferindo esta tarefa a seus pastores que, à sua vez, contentam-se com as antigas teologias que mascaram a realidade com a incorporação dos mitos do passado em vestes adaptadas às suas crenças.

O espiritista, no entanto, conhecedor do fenômeno da vida, sua origem, sua finalidade, seu processo de crescimento, etapa a etapa, se interroga como serão os lugares, a sociedade, o clima que encontram aqueles que partiram da Terra no veículo da desencarnação.

A revelação a respeito tem sido ampla e bem documentada, esclarecendo que o físico é um mundo imperfeito, cópia grosseira do espiritual e que, ao seu redor, há regiões vibratórias de tom variado, desde as mais rudimentares, primitivas, até aquelas de constituição tão sutil e elevada que, para a maioria de nós, nos escapa, no momento, compreensivelmente, por falta de evolução espiritual.

Prescindindo-se da impregnação filosófico-religiosa e da terminologia comprometida de que se utilizou Dante Alighieri, em sua viagem poética na *Divina Comédia*, teremos uma ideia do mundo parafísico, onde se encontram os homens depois da morte, de acordo com a consciência de seus atos. Sem o caráter de lugares de *poço* eterno, pois a evolução é incessante, e a consciência moral e espiritual se depura e se eleva conforme a reparação dos erros e a conquista de valores novos que a reencarnação propicia aos culpados, que voltam a recomeçar a experiência malograda.

Para Dante, segundo seus críticos, foi mais fácil descrever as regiões inferiores, possivelmente por haver estado ali, em desdobramento da personalidade, conduzido por Virgílio, que narra os ambientes de felicidade, pelas dificuldades de linguagem ou porque não pôde visitá-los, antevendo-os e só recordando-os vagamente.

As situações infelizes lhe impressionaram mais a mente, permitindo narrá-las com detalhes impressionantes, que a fantasia não conseguiria construir.

Não há, ou melhor dizendo, não deve haver surpresa diante de tais informações, partindo do princípio axiomático e real de que o homem é o que pensa, não o que parece, sendo sua realidade íntima construída por sua mente, que o sujeita, encarcerando-o ou libertando-o na existência terrena.

Possuindo, a mente, a força que move a energia, em razão de sua potência vibratória, a condensa e a modela, dando-lhe formas que adquirem contextura e perduram de acordo com a intensidade do comando psíquico.

Ideoplastias envolvem homens e Espíritos, como consequência de suas fixações mentais que se transformam com o transcurso do tempo, em formas quase vivas, *fantasmagóricas*, que os perturbam. O reverso também é verdadeiro.

Fora do corpo, o ser espiritual sofre suas construções mentais, suas preferências emocionais, vivendo a psicosfera que lhe era habitual e prazerosa.

Isto lhe produz terríveis alucinações no além-túmulo, porque não lhe respondem aos anseios do sentimento de liberdade de que necessita.

Entorpecimento geral, produzindo estados que os assemelham a múmias que respiram com dificuldade, são os efeitos mais imediatos das ideoplastias infelizes.

Contínuas alucinações e agressividade, perda de memória, autoflagelação pelos remorsos e sentimentos de culpa, produzem formas-pensamentos que os descompõem e esmagam, levando-os a situações *físicas* e psíquicas lamentáveis.

Como resultado de tais situações se agregam, ao seu redor, fluidos molestos, que se transformam em seu *mundo espiritual*, onde permanecem até que surja uma mudança íntima, rompendo a redoma onde estão encarcerados.

Quando se reúnem, por afinidade, inumeráveis infelizes, ignorantes de sua situação, e enquanto não são considerados ímpios ou maus para serem transferidos a redutos mais infelizes, formam compactos grupos que contaminam o campo vibratório em que se encontram, constituindo uma região dolorosa bem próxima ao território dos homens.

Não são *lugares* permanentes de aglutinação de desventurados, mas, sim, sítios transitórios em que se detêm esses culpados, como resultado do livre-arbítrio mal utilizado.

O pensamento reúne os semelhantes por afinidades psíquicas e emocionais, através das imagens produzidas, que formam estas *províncias* de dores reparadoras, nas quais os transgressores das Leis, em número incontável, readquirem o equilíbrio para voltar à Terra em futuras experiências que os levarão a reparar todos os males praticados antes e a sentir, neles, a necessidade de conseguir a luz da libertação interior.

Invariavelmente, os desencarnados, antes de alcançar a plenitude da consciência, atravessam essas *zonas do purgatório*, detendo-se nelas o tempo necessário para suas realizações espirituais e cuja estada pode ser breve ou longa. São as antecâmaras do grande *lar espiritual*, cuja densidade fluídica corresponde ao tom vibratório de cada um dos seres que ali se encontram.

Nesse período, desmagnetizam-se das forças mais primitivas do corpo somático, das fixações fisiopsíquicas mais densas, preparando-se para viver no *campo* que lhes corresponde.

Esta é a Erraticidade inferior, pórtico da Espiritualidade mais elevada.

Em nenhuma parte, no entanto, escasseiam a

misericórdia e o amor de Deus, que a todos alcançam e sustentam.

Complementando estas observações, recordemos que, à semelhança do que sucede na Terra, os sofrimentos crescem e se complicam de acordo com as ações negativas de quem, agora, se vincula aos seus inimigos, reencontrando-os para converter-se em cobradores ímpios, que os levam a estados de difícil descrição na área da amargura.

É natural, portanto, que aquele que foge do dever, tenha se complicado; logo, que quem faz o mal, o encontrará diante de si; que o homem que não respeita a vida e a defrauda, enfrentará a sementeira desvairada que fez...

Há, pois, *províncias* de sombra e de dor em escala quase infinita, que correspondem aos inumeráveis graus de culpa, crime ou indiferença pela vida, nos quais caem os desertores que não conseguem escapar da sua, nem da Consciência divina.

É indispensável, pois, manter ativada a luz do amor no coração; o conhecimento útil na alma, construindo, desde agora, sua futura morada, que pode ser um lugar de dor, de trânsito tormentoso ou de felicidade, porém, sempre de acordo com os próprios atos.

HERMELINDO BRAVO

5
Fantasias e realidades

PERIODICAMENTE, SE GENERALIZAM CONCEITOS E informações que fascinam as criaturas, mais pela extravagância de suas propostas que por sua realidade.

Tomam corpo e, progredindo, formam correntes que disputam superioridade.

No princípio, são rechaçados, recebidos com suspeita e considerados reprováveis.

A algumas pessoas de comportamento maleável ou tendentes à fantasia, conseguem impressionar com facilidade, encontrando, nelas, defensores, adeptos fervorosos.

Com o passar do tempo, por serem muito comentadas, propagam-se, emitindo cores de verdade que se transmitem com celeridade, pese à falta de estrutura que não resiste a uma investigação séria ou porque não se sustentam em bases seguras.

Por suas características estranhas, oferecem campo a devaneios mentais, mesclando-se com ocorrências reais e convertendo-se em verdadeiro pandemônio cultural que passa, com seus argumentos confusos, a uma situação pseudocientífica.

No futuro, se apresentarão com cidadania intelectual e confundirão os indivíduos inadvertidos, não acostumados a raciocínios mais profundos.

Nem sequer os mesmos acontecimentos verdadeiros se viram livres de tais aficionados à fantasia que, sem capacidade para um exame do fato com o cuidado do rigor, tornam-no em conta, adotam-no e, com essa disposição exagerada, desvalorizam para os homens de ciência e de bom senso aquilo que lhes agradaria divulgar.

Sem discutir a legitimidade ou não dos objetos voadores não identificados – OVNIS – tal questão, muito delicada pelas circunstâncias de que se reveste, tem suscitado desprezo e constantes dúvidas, como resultado de afirmações absurdas que correm pelo mundo, produzindo histeria nas pessoas nervosas, alucinação nos indivíduos sugestionáveis e descrédito nas personalidades que investigam e esperam a comprovação mediante os fatos.

O Espiritismo, em seu aspecto de Ciência do ser imortal, sempre impõe uma conduta compatível com sua estrutura doutrinária: deixar, à investigação científica, a palavra, quando se trate de questões que lhe digam respeito de acatar essas conclusões, até que outras melhores ou mais bem fundamentadas venham substituí-las.

Não opina, exceto quando pode demonstrá-lo

por meio da experiência de laboratório, ainda que este seja o mediúnico.

De outra forma, o Espiritismo não tem pressa para incorporar em seu campo de informações, novidades ou incoerências que possam ser consideradas complementos ou desdobramentos de suas teses, ou bem, atualização de seus ensinamentos, em forma de conivência com tudo o que necessita comprovação e resistência ao tempo em suas conquistas contínuas.

Vive-se um momento cultural na Terra, no qual, surgem e desaparecem novidades, diante do claro sol do conhecimento científico.

Mitos, ídolos e superstições, aparentemente bem estruturados, são destroçados a cada instante, no esforço que o homem realiza para equilibrar-se e sustentar-se em realidades que não lhe defraudem.

Por isto, é factível uma postura de observação tranquila por parte do adepto do Espiritismo com respeito a informações e narrações rotuladas de verdadeiras por aqueles que se apresentam como testemunhas das mesmas.

Não que se deva duvidar de todas as criaturas, mas é necessário ter um critério de avaliação razoável com respeito a tudo, sem os *arroubos* da emoção.

Os bólidos, as reações atmosféricas, os artefatos fabricados pelos homens aumentam, cada dia mais, em nossos espaços siderais, produzindo efeitos luminosos que dão impressões muito equivocadas a quem os veem, sem o indispensável conhecimento para analisá-los convenientemente.

É ponto definido, na Doutrina Espírita, a crença nos mundos habitados que, pouco a pouco, os astrônomos confirmam, partindo de premissas para os resultados de concepções matemáticas, e destas para os exames de radiofotografias e materiais obtidos fora da Terra, porém que Allan Kardec recebeu por intermédio das comunicações mediúnicas dos seres que afirmavam viver em outros planetas.

Certamente, em cada lugar onde a vida se apresenta, há condições que propiciam sua aparição e, por sua vez, ali se caracteriza pelos fatores que lhe dão origem. Quer dizer que, em cada mundo, a vida dispõe de requisitos próprios ao seu *habitat*, diferindo daqueles que são conhecidos entre os terráqueos. Além disso, quando nos referimos à vida, especialmente à inteligente, não nos comprometemos com aquela de natureza somente corporal, com as características humanas, conforme nosso padrão conhecido.

Por sua vez, tampouco nos permitimos divagações imaginativas, que facultem concepções estranhas e absurdas para preencher o vazio de nosso desconhecimento.

Aceitamos o lógico, compreendemo-lo e aguardamos a oportunidade de aprofundar em conhecimento e indagações.

Este é um comportamento razoável, filosoficamente, e científico, experimentalmente.

Que os seres de outras dimensões, de outros Orbes se comunicam com os homens, não há dúvida. Que eles já *estiveram* na Terra, algumas vezes, quiçá construindo algum tipo de civilização, demonstram-no os monumentos arqueológicos; os monolitos de lava vulcânica trabalhada; os sinais de substâncias radioativas em regiões onde elas não existem e que, até ali, foram levadas; os desenhos em cavernas que fazem recordar os trajes espaciais, e antigas lendas, inclusive bíblicas, "dos anjos que desceram dos céus" para conviver com as criaturas humanas...

Da mesma forma que o homem intenta descobrir se há vida inteligente em outras Esferas, partindo do princípio da evolução universal e da possibilidade de que ela exista em outros mundos, aqueles mais evoluídos já conseguiram as conquistas que, somente agora, se ensaiam na cultura e tecnologia terrestres.

Partindo destes raciocínios, não nos podemos permitir os sonhos daqueles que afirmam haver viajado, com o corpo físico, nos OVNIS; que estiveram em outros planetas e ali foram adestrados para trazer avisos e comunicações estrambóticas; que contatam com esquadrilhas que aterrissam a cada momento;

que com eles mantêm comunicação mental contínua; que conhecem seres extraterrestres corporificados como homens, observando-os, estudando-os e etc. ...

Uma atitude de equilíbrio é sempre a posição ideal.

Nem o ceticismo prejudicial, por sistema ou por acomodação cultural, como tampouco a crença ingênua por adesão fantasiosa.

O conhecimento libera o homem da ignorância, estruturando-o emocional e psiquicamente, proporcionando-lhe valores éticos para uma existência digna.

Por isso, uma crença que não resista ao questionamento da ciência, é errônea, mantendo-se por pouco tempo, já que, por falta de fundamentos, se desmorona por si mesma.

A razão é a condutora do pensamento que se deve apoiar na ciência para conquistar e conduzir a existência humana a seu verdadeiro desiderato, sem comprometer-se com teorias absurdas e concepções fantasiosas, imaginativas.

Antonio Ugarte

6
A idade de ouro

CONTEMPLAMOS O AMANHECER DA SONHADA Idade de Ouro da Humanidade.

Caem velhas teorias mantidas por capricho da ignorância e, assim, se superam conceitos antigos de fé religiosa que não suportam o exame da razão.

Liberando-se, lentamente, dos pré-julgamentos ancestrais, o homem penetra em áreas nobres do conhecimento que lhe abrem horizontes jamais imaginados, convidando-o a conquistá-los com alegria e segurança.

As ciências, nestes momentos, descobrem panoramas que permaneciam ocultos, envoltos no *mistério* e que agora se apresentam em sua magnitude total como compensação pelos esforços e investigações contínuos.

A *alma* da vida flui fulgurante, plena, demonstrando um plano chave da realidade, sob cuja diretriz se apresentam todas as coisas.

O avanço das investigações psíquicas preenche o ser de felicidade, porque, valendo-se de técnicas repetitivas, os feitos confirmam sua causalidade em um campo parafísico que é primitivo e essencial no Universo.

Crenças e fraudes examinadas proporcionaram informações que confirmam, no laboratório, o fenômeno muito mais complexo, superando as afirmações materialistas e tratando-o como um conjunto de forças que se complementam para a função da vida inteligente, que são *Espírito, perispírito e matéria*.

O *Espírito* é um ser real, preexistente ao berço, essência da vida intelectual e sobrevivente ao túmulo.

Possuidor de uma psicologia própria, mantém sua individualidade através de múltiplas reencarnações, que respondem pelas várias personalidades que lhe facilitam as experiências de sua evolução sem limites.

Em cada etapa reencarnacionista, o Espírito adquire conhecimento, inteligência, aptidões artísticas e culturais que lhe propiciam o desenvolvimento das faculdades morais que lhe são inatas, desde que foi criado por Deus.

Como chispa divina, está dotado de desconhecidas possibilidades que vão desenvolvendo por meio das vivências corporais, crescendo sempre em conquistas maiores, sem perigo de retroceder em sua marcha evolutiva.

Quando se detém em mecanismos expiatórios,

nos quais o corpo se apresenta limitado, física ou psiquicamente, ou em ambas formas, tal procedimento não lhe afeta, em realidade, em suas conquistas, já que estas permanecem adormecidas para continuar em sua evolução, tão pronto cessem os fatores momentaneamente restritivos dessa manifestação.

Tal situação ocorre como terapia para as enfermidades do erro, que o levam a comprometer-se com o mal que o retém no processo infeliz do sofrimento.

Passada a expiação, recupera seus valores e se libera das cadeias que o fazem momentaneamente infeliz.

Constituído de energia ainda não determinada pela física, se irradia e se transfere, independentemente das leis conhecidas, submetido a outros conceitos ao redor dos quais se move.

O *perispírito* é o corpo semimaterial, encarregado de modelar a matéria, intermediário entre esta e o Espírito, constituído de energia específica, maleável e viva, pulsante e irradiante.

Com sua própria fisiologia, é o molde que plasma a forma física que necessita o Espírito para sua marcha em cada etapa humana, construindo os implementos orgânicos e psíquicos de acordo com os dados arquivados em seus neurônios sutis, que se encarregam de guardar a memória de todos os atos anteriores.

É uma organização muito complexa que atua por automatismos que se refletem nas glândulas endócrinas e pelos distintos processos nervosos que estabelecem os ritmos psicofisiológicos do soma.

Conhecido desde épocas antigas, recebeu nomes especiais de acordo com as culturas, tempos e povos.

Para os vedas, era o *mano-maya-kosha*; o budismo esotérico o identificava sob a designação de *Karmarupa*, enquanto o *Zend Avesta* o denominava como *baodhas*. Os egípcios já o chamavam de *Kha* e a *Cabala hebrea* o conhecia como *ronach*. Pitágoras e Aristóteles o denominavam, respectivamente, *carne sutil da alma* e *corpo sutil e etéreo*. É o mesmo *astroeide* dos neoplatônicos da Escola de Alexandria, conhecido por Leibniz como *corpo fluídico,* ou *corpo astral* pelos hermetistas... Reichenbach o documentou em suas investigações e o chamou *luz ódica,* enquanto o apóstolo Paulo se referia a ele como *corpo espiritual* e *corpo incorruptível...*

Foi Allan Kardec quem melhor o estudou, dando-lhe a designação de perispírito.

Está constituído de diversos tipos de fluidos, que são condensações em graus diversos da energia primitiva. Pode-se dizer que é uma matéria hiperfísica que os cientistas esperam descobrir por meio de fotografias especiais, semelhantes às do casal Kirlian, a fim de conhecer sua estrutura e radiação próprias.

O *corpo físico* ou *soma* é a *matéria* que contém as

vidas vegetativa e orgânica e os automatismos fisiológicos inconscientes resultantes do atavismo multimilenário das experiências realizadas ao longo do processo da evolução.

Ele também responde pelo mundo dos fenômenos; o perispírito, pelo mundo das leis e o Espírito, pelo mundo dos princípios.

Em consequência, são os três planos de uma só identidade: *terrestre* (da matéria), *astral* (dos fluidos) e *divino* (da energia pura).

Por mais que quiséssemos ignorá-lo devido ao nosso orgulho, comprova-se que no Universo somente existe uma realidade, que é o Espírito. A matéria e a energia são duas aparências que, no infinito, se confundem e, em essência, são uma só coisa em diferentes estados, que procedem do fluido cósmico Universal primitivo.

O homem é um ser único em sua essência e realidade, e triplo em sua substância.

A vida está dirigida pelo pensamento, expandindo-se pelo Universo em vibrações cuja frequência e intensidade variam até o infinito, desde o micro até o macrocosmo.

Ampliando o conhecimento a respeito da matéria, a ciência avança comprovando a influência de agentes e campos não materiais que causam os diversos fenômenos da vida.

Nesta Idade de Ouro da razão e do sentimento, se comprova que os princípios que dirigem o homem se originam na Onisciência e na Onipotência Divinas, base do Amor Infinito e da Justiça Suprema, mantendo uma relação casual que reúne, em toda sua integridade, as leis, os princípios e os fenômenos.

Desta maneira, todos marchamos rumo à harmonia sob o influxo da divina inspiração.

Os sofrimentos e dissabores resultam de nossa decisão de retardar o avanço, por egoísmo e rebeldia, apesar das lições vividas e ensinadas por Jesus: amor, perdão, humildade, renúncia...

Agora, que estão estreitamente unidas, a ciência e a religião, o homem penetra no amanhecer de sua felicidade, aprendendo a viver de acordo com as disposições divinas sintetizadas na soberana lei de amor a Deus, ao próximo e à vida.

PEDRO ÁLVARES Y GASCA

7

Curas paranormais

ATUALMENTE, INTENTA-SE DEMONSTRAR QUE, geralmente, as curas paranormais, registradas continuamente, não passam de fenômenos de autossugestão, nos casos mais graves, ou heterossugestão.

Sem discutir as causas psicossomáticas de inumeráveis enfermidades, não se pode negar que esses fatos sempre sucederam, ao longo da História, e que hoje, ciências, tais como a Parapsicologia, a Psicobiofísica e o Espiritismo confirmam sua autenticidade e, às vezes, sem descartar as probabilidades da sugestão, em suas diversas modalidades, explicam os fatores que facilitam e respondem por esses acontecimentos.

Já era conhecido o conceito que estava escrito no santuário grego de Epidauro, na Antiguidade, há quase 500 anos a.C., que dizia: "Vem como homem saudável e sai melhor".

Ali, como em outros templos, o deus Asclepios visitava os enfermos e lhes curava seus males.

Pitágoras, em sua Escola iniciática de Crotona, lograva libertar os homens dos problemas que afetavam sua saúde.

O deus Apolo, que também se fez notável em Delfos por suas curas, recebeu um templo, no século VIII a.C., pela gratidão de seus beneficiados.

Jesus foi, sem dúvida, quem alcançou os sucessos mais expressivos de que se tem notícia, nesta especialidade como em outras, pois, diante Dele, as mais diversas doenças físicas e psíquicas encontravam cura imediata, fosse através da imposição de suas mãos ou, simplesmente, à distância, por sua vontade.

O número daqueles cristãos primitivos que continuaram este trabalho, iniciado pelos apóstolos Pedro e Paulo, era muito grande, o que constituía um chamamento contundente para a divulgação que faziam da nascente Doutrina.

Em todos os séculos, homens, portadores de força parafísica, conseguiram mudar a disposição dos pacientes, restaurando-lhe a saúde debilitada.

Tem-se atribuído a milagres, como violação das leis naturais, os resultados dessas transformações orgânicas e psíquicas dos seres, afirmando-se que eram resultado da fé religiosa, responsável desses êxitos.

Indubitavelmente, qualquer tipo de fé, por si mesma, produz um campo vibratório de receptividade, que facilita a captação da energia retificadora que atua no organismo afetado.

A Mesmer, inicialmente lhe correspondeu a tarefa de demonstrar a existência de uma *força fluídica* que se comunica entre os seres, entre estes e os astros, e que também é irradiada por alguns metais como o imã, produzindo a recuperação dos órgãos deteriorados, por meio de um desconhecido mecanismo de revitalização.

Posteriormente, seguiram as experiências do marquês de Puységur, que conseguiu magnetizar pacientes, que se recuperaram de imediato, chegando a ponto de magnetizar um olmo, na aldeia de Soissous, para atender à tremenda demanda dos necessitados que não cessavam de buscar sua ajuda.

Mais tarde, o cirurgião inglês Jaime Braid conseguiu hipnotizar um empregado, que logo se recuperou de um mal-estar, fazendo, ele mesmo, seu correto diagnóstico, sem conhecer Medicina, iniciando-se o período que terminou com o descobrimento do inconsciente humano.

O mistério e o milagre lentamente foram desaparecendo, para dar lugar ao científico, ao lógico e ao natural.

Pode-se dizer que foi Paracelso quem iniciou a era da Psicologia com seu trabalho relativo à imaginação e seu poder, seja para a saúde ou para a enfermidade, na felicidade ou na desgraça.

Demonstrou que muitos casos impossíveis de se detectar e se curar pelo médico, eram factíveis de se curar pelo próprio enfermo ou por alguém que fosse persuasivo e de imaginação forte. Recebendo o nome, em linguagem moderna, de possuidor de força psíquica ou com capacidade de indução mental.

No entanto, um estudo mais profundo do poder da mente nos fenômenos humanos já era conhecido pelos hindus, pelos egípcios, pelos chineses e outros povos da Antiguidade, que tinham em seus sacerdotes-médicos, não somente místicos, como conhecedores da psicologia humana, aplicando os métodos de cura de acordo com o comportamento emocional dos pacientes.

Aristóteles, por exemplo, chegou a aplicar a técnica da Psicologia em grupo, para atender àqueles que a buscavam, explicando-lhes o valor da *enteléquia* – que quer dizer força formativa – e sua utilização na vida, por meio da *catarse ou purgação,* que separa o mal do bem, produzindo a cura.

Até que Freud e Jung criassem os métodos psicanalíticos contemporâneos, toda uma plêiade de cientistas esteve empenhada na solução dos males que afligem a vida, estudando a psique e seu poder em relação à saúde e à própria vida.

De Descartes a Leibniz, de Spinoza e Locke a Hume, e destes a Charcot, na Universidade de Paris, os métodos e investigações filosóficas se transformaram em feitos científicos de laboratório, convincentes, abrindo espaços para a detecção das faculdades paranormais do homem.

Para que se conseguisse esse passo decisivo no estudo e na compreensão da natureza humana, a Física contribuiu muito, especialmente a Nuclear, para desmascarar a matéria, que, então, reinava soberana por toda a parte, transformando o ser em uma massa que se consumia ante a morte...

O astrônomo e físico inglês Arthur Eddington foi quem deu o primeiro grande passo para isso, afirmando, depois de demoradas investigações: "A matéria do mundo é a matéria do espírito".

Pode-se deduzir, portanto, que o visível é a materialização do invisível, que é o único real.

Albert Einstein, o insigne físico e matemático, adotou uma atitude científica equivalente, da crença em Deus, quando disse que Ele é "independente do Universo".

O eminente Planck concluiu, tranquilamente, que "há, por detrás da força do Universo, um espírito inteligente e consciente. Tal espírito é o fundamento primitivo de toda a matéria".

Por sua vez, Sir James Janes, que reúne, em sua formação cultural, o conhecimento da matemática astronômica e da física, acrescentou que "O Universo, ao invés de ser uma grande máquina, se parece mais com um grande pensamento".

É sabido que a energia não se perde, mas sim, se transforma, da mesma maneira que a massa se converte em energia, energia que era antes, em seu estado inicial, primitivo.

Estes conhecimentos facilitaram o estudo e a discussão das forças paranormais do homem, comprovando-se sua realidade.

Vivendo em um Universo de ondas e mentes, de raios e vibrações, há um intercâmbio natural, inevitável, consciente ou não, entre todas estas radiações da energia em seus diferentes graus.

A inteligência, introduzindo-se como uma sonda no inconsciente humano, encontrou, nos arquivos da personalidade, respostas para mil feitos; da mesma forma, comprovou que indivíduos bem dotados exteriorizam vibrações de *forças* que estão latentes, interferindo na estrutura da matéria, inclusive, *materializando* formas por meio da emanação do ectoplasma.

Superada a hipótese de fraude, foram tais as condições em que os fenômenos se produziam, o que se confirma a disposição humana, para produzi-los, que quando são bem dirigidos podem influir na área da saúde.

Assim surgiram as técnicas denominadas fluidoterapêuticas, que são transferências da irradiação da *"Força Od",* como a denominava o barão Reichenbach, que foi o primeiro que estudou, com critério científico, essa *aura ou corpo astral,* que se pode transmitir de uma a outra pessoa e, em determinados momentos, tornar-se visível, sendo detectada pela câmara Kirlian.

Sendo o pensamento uma energia, quando está bem dirigida, esta intervém no campo vibratório que a capta, produzindo uma troca de forças nesse organismo.

Além do mais, como o Espírito é uma energia específica e a morte não o destrói, é natural que, por amor ou ódio, simpatia ou antipatia, no intercâmbio mediúnico, ajude ou perturbe aqueles que ficaram na Terra.

Preservador do conhecimento adquirido nas sucessivas reencarnações, pode contribuir com seu potencial energético para o bem ou para o mal das criaturas com as quais tenha afinidade ou repulsa.

Assim é que, atraídos pelo carinho e pelo desejo do bem, os Espíritos Superiores retornam à convivência humana para ajudar, utilizando, não poucas vezes, a mediunidade para o trabalho das curas paranormais.

Não há por que duvidar dessa intervenção, considerando que a vida é um fluxo contínuo, onde o ser espiritual se veste e se despe da carne, sem deixar de ser ele mesmo, progredindo sempre.

Temos, então, que considerar, no capítulo das

curas das enfermidades, aquelas que são produzidas por indivíduos portadores de forças parapsicológicas e por aqueles outros que, possuidores de mediunidade, oferecem, aos Espíritos desencarnados, o material para que possam aplicar seus recursos energéticos por intermédio deles, na condição de dínamos que transformam, em fluidos específicos, as irradiações que captam e transmitem, dirigidos em seus estados de transe.

Dessa forma, esses médiuns são instrumentos do bem para a solidariedade e para a caridade, que devem constituir o ponto de interação entre os homens, ajudando-se reciprocamente e trabalhando todos em favor de uma sociedade mais tranquila e, em consequência, mais saudável.

Humberto Mariotti

8

A vitória da vida

UM DOS MAIS INTRIGANTES PROBLEMAS humanos, tem sido a interpretação do homem sobre a vida, depois do fenômeno da morte biológica.

Saber se a vida se acaba quando sofre a transformação material, tem constituído um grande desafio para a inteligência.

Entre as múltiplas correntes do pensamento, se destacaram duas, ao longo dos séculos, em luta contínua para que uma delas predominasse, explicando qual é a realidade da vida. São teorias muito distintas.

De um lado, numa linha filosófica, se encontram Leucipo, Lucrécio e Demócrito que, com seu conceito atômico, vem tentando explicar que tudo quanto existe no campo da forma resulta do átomo, do movimento e do vazio. Quando algum destes elementos se desagrega ou sofre uma mudança no equilíbrio, se acaba a vida e o ser inteligente retorna ao nada.

Por outro lado, seguindo outra direção, se destacam Sócrates, Platão e Aristóteles, que estabeleceram a corrente idealista ou espiritualista, informando que há no Universo um *primeiro-motor ou mundo das ideias* de onde o ser procede e ao qual retorna quando ocorre a morte corporal. Quer dizer, que o homem está constituído pelo *ser* – o Espírito imortal – e pelo *não ser* – a matéria.

Os dois sistemas têm-se enfrentado através dos séculos, apoiados, em suas informações filosóficas e científicas, por uns e outros estudiosos que os desenvolveram em diversas escolas.

A verdade é que o nada não cria nada, posto que não tem existência real, e o homem, como afirmava Descartes, "penso, logo existo", é uma realidade.

Por mais que se queira negar a indestrutibilidade do princípio espiritual que dirige a vida, todos os acontecimentos comprovam a precedência do *psiquismo* ao *corpo* ou da mente ao cérebro.

Em todos os povos primitivos tem-se encontrado vestígios da crença na imortalidade da alma, sem que esses grupos étnicos jamais mantivessem contato entre si.

Habitando distintos pontos do planeta, desenvolvendo sua própria cultura, neles se apresentam os mesmos cultos, não obstante as conquistas alcançadas, todas baseadas na certeza de um princípio criador, justo e sábio, que recebe, para julgar, aqueles que retornam da Terra depois da morte física.

À medida que desenrolavam o ciclo de civilização, estes povos penetraram nos *mistérios* do túmulo, tirando, dali, informações comprobatórias da sobrevivência do ser.

Tal documentação religiosa, da qual surgiram a ética e a filosofia, por seus pontos de perfeita identidade, assinala que os informes recebidos em toda a parte procedem da mesma origem, quer dizer, do mundo causal ou espiritual.

Por sua vez, as aparições espirituais que se têm apresentado nas diferentes épocas do processo antropológico e sociocultural, sempre têm afirmado que são as almas dos mortos, narrando, assim, suas venturas ou desgraças, como resultado natural da conduta anterior, quando estavam na Terra e, ao mesmo tempo, buscavam fazer conscientes os homens de seus deveres e responsabilidades morais perante a vida.

A mitologia de cada país é um oceano de feitos espirituais, no qual desembocam os rios do conhecimento que se confundem, por identidade de informações, com respeito à continuação da vida depois do desgaste carnal.

Não querendo nos referir aos conhecidos feitos da Antiguidade oriental, recordamos os celtas, os croatas, os germanos, os escandinavos, os bielo-russos, os eslavos, os itálicos e os gregos, que se comunicavam com as almas dos defuntos, ocorrendo o mesmo com os maias, os astecas, os incas, os tupis e guaranis das

Américas, os índios, no geral, da América do Norte, os aborígenes da África, da Ásia, da Oceania, mediante rituais e cultos semelhantes...

Dizem que Marte, deus da guerra, apareceu a Numa Pompílio, que foi o segundo rei de Roma.

As Valquírias sempre surgiam nos campos de batalha para modificar o destino das guerras, ajudando os seus.

Os maias criam que haviam aprendido a conhecer as coisas por meio de seu deus Furacão, que lhes ensinava tudo.

Gilgamesh, que escreveu o primeiro livro conhecido sobre a morte, dizia que adquiriu a sabedoria com as divindades que lhe apareciam frequentemente.

Manú recebeu de Brahma os que seriam, no futuro, os "mandamentos", tal como ocorreu, mais tarde, a Moisés.

Zarathustra informava que ao se lhe apresentar o deus máximo, Ahura-Mazda, ele se inspirou para elaborar o Zend-Avesta.

Krishna, Buda, Hermes e Sócrates, em distintos períodos e povos, mantiveram, igualmente, um intercâmbio com seres espirituais que os inspiravam e conduziam, conforme eles mesmos declaravam.

Eliminado das mitologias e lendas, o fantástico e

imaginário, que são exaltações dos acontecimentos reais, permanecem os fenômenos mediúnicos indiscutíveis, porque os mesmos seguem ocorrendo na atualidade, demonstrando a continuação da vida depois da vida, como única forma de ter sentido e lógica, a própria realidade intelectual do ser.

Sábios notáveis e céticos, estudando a mediunidade, depois de elaborar teorias diferentes e contínuas para negar a sobrevivência do Espírito, se viram forçados a submeter-se à linguagem dos fatos, crendo na imortalidade, por ser esta a única hipótese que tem resistido a todas as suspeitas e incredulidades.

A documentação é preciosa e muito ampla e é periodicamente reexaminada e aumentada com novos fatos e dados que a enriquecem mais e a melhoram.

Se a vida fosse destruída com a morte, ela não teria sentido em si mesma, nem finalidade, em razão de sua fragilidade e brevidade.

A demonstração mediúnica da imortalidade da alma proporciona valor ao homem, cujos horizontes se fazem mais amplos e distantes, assinalando-lhe possibilidades infinitas e realizações sem fim.

Desde então, os valores éticos se agigantam e o amor adquire uma dimensão ilimitada, unindo todos os seres sob a árvore da fraternidade, que impulsiona a busca da felicidade por meio do trabalho e da luta que sublimam.

A Terra já não é o ponto final, a morada única para o ser, e sim, uma escola para a aprendizagem e para a aquisição da experiência, as quais, juntas, trabalham em favor do aperfeiçoamento do Espírito.

A dor deixa de ser um castigo da Vida para transformar-se em inevitável efeito da opção pessoal de cada um, que escolhe tal ou qual caminho, de paz ou de violência, de esforço ou preguiça para crescer ou progredir.

O homem se faz consciente de que ele é o arquiteto de seu próprio destino e que sua marcha ascendente se fará sempre pelo esforço pessoal, sem privilégio algum, exceto o de ser possuidor do discernimento e da razão para fazer o que deve e lhe corresponde realizar.

Amparado por aqueles que se lhe anteciparam no retorno ao mundo de origem, avança confiante, olhando para a frente e para o Alto com a certeza do triunfo.

Nesse homem, crente e consciente da imortalidade da alma, cantam as melodias divinas do bem no ritmo de esperança por um futuro melhor para ele e para a Humanidade, de que torna parte no organismo social, como membro importante e muito significativo que é.

FERNÁNDEZ COLAVIDA

9

A violência no homem

Quando o homem irrompe na violência, que lhe conduz ao crime e à alucinação, se lhe destroem implementos muito delicados da *máquina* encarregada de seu equilíbrio emocional.

Criado para a felicidade, o ser avança em seu caminho de progresso intelectomoral, melhorando suas aptidões e superando, com esforços contínuos, aquelas que o afligem, arrastando-o até o estado primitivo de sua vida...

Seu ponto inicial se perde no tempo, na imanência que havia na Terra para o corpo e na transcendência que procede da Divindade, como luz *coagulada* que está reclamando a plenitude, que será alcançada no porvir longínquo e que está auspiciosamente aguardando-o.

Possuidor de inesgotáveis recursos em estado latente, estes vão aflorando de acordo com as conquistas dos degraus da escada ascensional.

Libertando-se lentamente do bruto que nele predomina, não poucas vezes cai destroçado sob sua própria herança ancestral, complicando o processo libertador no qual se empenha, obrigando-se, assim, a reiniciar o trabalho interrompido com maior carga de aflição e submetido a sacrifícios mais penosos, que constituem uma terapia e uma disciplina reeducativas, mediante as quais se arma de sabedoria para não voltar a comprometer-se novamente.

Apesar de tal condição evolutiva, há fatores éticos, culturais, econômicos e sociais que conspiram contra sua paz, dificultando-lhe o programa adotado.

Tem-se dito que "o homem é o produto do meio", porém, é ele quem constrói o meio ambiente onde vai viver.

Daí que lhe corresponda a incessante tarefa de dominar as condições negativas do lugar em que se encontra, modificando-as e propondo métodos eficazes para facilitar o desenvolvimento de seu potencial inato.

A educação, num sentido amplo da palavra, de informar e criar hábitos saudáveis, responde positivamente para lograr esse objetivo, porque oferece valores éticos e culturais que conduzem o ser ao seu destino superior.

A violência, por consequência, é um vestígio dos instintos primitivos do ser humano, que a educação submete e orienta.

As feras atacam por instinto: para suprir suas necessidades vitais e ao sentirem-se acossadas. Elas não raciocinam; sua selvageria é própria de sua natureza animal.

O homem, dominado pelo egoísmo, permite que os instintos agressivos que ainda o governam, se liberem das cadeias moralmente frágeis e o façam ímpio, traiçoeiro, impenitente verdugo de outros homens ou de outros seres...

A ambição desmedida e os tormentos íntimos, igualmente respondem, hoje, na Terra, pela tremenda onda de violência que atemoriza e intimida toda a humanidade.

Ao lado destes fatores surgem: a terrível miséria econômica, as frustrações psicológicas, as pressões de toda ordem; tudo isso não justifica o regresso ao estado primitivo emocional, pelo qual caem as aquisições da civilização, que parece retornar às suas condições iniciais...

Há muitos outros tipos de violência que diferem na forma brutal, para adotar a posição de indiferença ante os problemas humanos.

São violentos os atos de suborno à dignidade; de negociações desonestas; de lucros exagerados; de negativas aos direitos alheios; de manter a ignorância; de cultivar o pessimismo; de exploração sob qualquer justificativa ou forma; de perturbação da paz; de negar cooperação...

Não é violência somente o impulso incontrolável que destrói, agressivo e alucinado.

Porém, esse estado que agora se vive no mundo, será transitório.

Deixará, sem dúvida, sulcos profundos, que o tempo preencherá com outras conquistas, apesar de todas as dores propiciadas.

O homem, não escutando as vozes da razão e do amor, caminhará sob chuvas de pranto e remorso, aprendendo a respeitar os soberanos códigos que regem a vida, avançando sempre.

O conhecimento do Espiritismo e a vivência de sua moral, de sua filosofia, contribuirão definitivamente para modificar o homem e o mundo, estabelecendo, de imediato, um programa de transformação pessoal e coletiva para melhorar, que produzirá a elevação do planeta, que agora é de expiações e provas, ao grau de um mundo de regeneração e de paz.

Sim, a violência desaparecerá, quando o homem compreender a transitoriedade de sua vida física e o perene da vida espiritual; quando despertar para a conquista dos valores eternos; quando o amor, resplandecendo em seu íntimo, lhe ensinar a oferecer antes que tomar ou receber; também ensinar as renúncias pessoais para o bem alheio; a alegria de servir sem ser servido; o perdão e a humildade, estabelecendo, em seu interior, o reinado do Espírito, base verdadeira da vida, sem a qual sua existência estará feita de utopias ou de ilusões.

Por isso, quando a violência irrompe, desarticula implementos muito delicados da *maquinaria* emocional, exigindo que o violento, por meio da reencarnação, limitado em seus movimentos e recursos, reconstrua ditos acessórios, colhendo o efeito da semeadura de loucura e aflição.

A violência, por consequência, é uma etapa do processo evolutivo que deve ser vencida rapidamente e com valor, substituindo essa voluptuosidade agressiva pela mansidão e resignação dinâmica, mensageiras da paz que todos desejamos.

LUIS DI CRISTÓFORO POSTIGLIONI

10
Memória extracerebral e reencarnação

O AVANÇO DA PARAPSICOLOGIA TEM LOGRADO êxitos indiscutíveis na área da interpretação do homem e de seus problemas diante da vida.

Superando os condicionamentos ancestrais da Psicologia freudiana, propõe uma conduta mais compatível com o conhecimento da Física Nuclear, mediante os conceitos einstenianos e os da *dinâmica quântica*, de Max Planck.

Demonstrada a fragilidade da matéria e a realidade da energia com suas variações inumeráveis, a Psicologia tem que aprofundar suas investigações em um campo mais amplo do ser, intentando entender a vida, ainda antes de sua apresentação física.

Foi o que fez a Parapsicologia, detectando, assim, que o homem tem sua existência real, não somente a partir do momento da concepção genética, mas que esta, por sua vez, já é uma consequência do *ser em si mesmo,* organizando a forma com a qual se apresentará no mundo corporal.

Para isso, se valeu de técnicas especializadas tendo, por objetivo, demonstrá-lo, tal como a regressão de memória, espontânea ou provocada, conforme estabelecia Pitres, anteriormente; as recordações automáticas ou *déjà vu*, a xenoglossia e outros, constatando que "aprender é recordar", como informava Platão com seu conceito do mundo das ideias, mundo à parte da mente.

Com a contribuição de haver encontrado *vida antes da vida*, alguns parapsicólogos propuseram, além do conceito tradicional da memória cerebral, a existência de outra, chamada extracerebral, na qual se encontram arquivadas as experiências anteriores à organização física atual.

No princípio, foi grande a reação dos negadores. Porém, diante dos fatos que se repetem devastadoramente, não se pode sustentar velhas teorias para explicá-los, tais como a telepatia, a hiperestesia indireta do inconsciente, atribuindo-lhe capacidades quase adivinhatórias no afã de desconhecer as novas conquistas.

Com esta contribuição da memória extracerebral, se propõem novas informações para a Psiquiatria e Psicanálise, que enfrentam tremendas dificuldades no estudo do comportamento humano e da saúde mental.

Terapias baseadas no conhecimento das vidas passadas ajudam na explicação de psicoses, neuroses, patologias esquizofrênicas, autismos, catatonias, levando o paciente à origem da enfermidade que, normalmente, tem suas matrizes nas engrenagens sutis de seu psicossoma, órgão responsável pelo arquivo de suas realizações pretéritas, anteriores, portanto, à existência atual.

Assim, também, se explicam a genialidade e a estupidez, as aptidões, as tendências artísticas e culturais, as predisposições éticas e impulsos criminais, o conhecimento antes do aprendizado e as resistências ou debilidades morais, os ideais inatos e o caráter violento em uns e amável em outros, as simpatias e as antipatias...

Desde o ponto de vista filosófico, se aclaram os *enigmas* sociais e econômicos aos que se vinculam ou sob os quais nascem os seres: poder e escravidão, fortuna e miséria, saúde e enfermidade, felicidade e infelicidade...

E, acima de tudo, sob um exame ético e moral, a justiça divina, sem a lógica da preexistência do ser, se apresentaria caótica, pois tais são os disparates que existem entre as criaturas, diferenciando-as.

Além disso, a moral do bem e do mal adquire estímulo novo e profundo, por ser o bem um efeito imediato das leis naturais, que são as leis de Deus, enquanto que o mal é o esquecimento delas ou o atentado contra as mesmas.

Essa conquista dignifica o homem porque o faz responsável de seus próprios atos, oferecendo-lhe a oportunidade de produzir mediante sua semeadura, colhendo de acordo com o que tem realizado.

Por isso, nenhuma pessoa está predeterminada ao sofrimento nem à desgraça; a única fatalidade real é a paz, que se conseguirá com rapidez ou lentamente, segundo a utilização do livre-arbítrio individual.

O determinismo é sempre para o bem, mas como vivê-lo, é de escolha pessoal.

A aquisição parapsicológica veio confirmar as doutrinas das múltiplas existências, conhecidas desde a mais remota idade cultural dos povos e que Allan Kardec atualizou, por intermédio da Revelação Espírita, no século passado.

Numa análise filosófica e profunda, o Espiritismo demonstra a anterioridade do homem ao conceito bíblico, manejando, com muita propriedade, o *Transformismo*, de Lamarck, o *Evolucionismo*, de Darwin e o *Criacionismo* espiritualista.

Confirma que o homem é o herdeiro de si mesmo e que os códigos genéticos assimilam as impressões psíquicas de seu ser no programa de sua reencarnação, obedecendo leis de gens e cromossomas que, por sua vez, estabelecem, sob a vibração *kármica* de cada um, os estereótipos e biotipos correspondentes aos méritos e deméritos pessoais.

Isto no sentido orgânico-fisiológico e psicológico, alcançando, também, a programação dos grupos familiares, social, econômico e cultural onde cada criatura desenvolverá seu processo evolutivo.

A memória extracerebral, portanto, ou memória das reencarnações, documenta que o ser espiritual é um viajante dos tempos e dos mundos.

Iniciada a existência, desde que é somente uma chispa divina em processo de crescimento, "simples e ignorante", como esclareceu o mestre Allan Kardec, não cessa sua programação evolutiva, caminhando sempre para adiante até o infinito...

O que adquire, jamais o perde, ainda que temporariamente durma em um ser, quando a expiação seja imposta para reparar as faltas que lhe pesam na economia moral, voltando aos planos da consciência e da razão, tão pronto estejam superados esses impedimentos.

Dessa forma, graças às experiências parapsicológicas, a reencarnação deixa de ser uma crença ancestral, para ir ao laboratório de investigações psíquicas, contribuindo na solução dos *enigmas* humanos.

Com ela se aclaram muitas obscuridades do processo evolutivo do ser e são interpretadas diversas dificuldades do conhecimento antropológico.

A presença, na Terra, no passado remoto, de homens de alta cultura e selvagens, confirma que os primeiros adquiriram antes, o conhecimento que os últimos, recém-criados, ainda não lograram; tal sucede, igualmente, em nossos dias, com o *homem tecnológico* e o da Nova Guiné, os pigmeus, os esquimós e outros povos primitivos que se encontram na Terra...

Se todos eles houvessem sido criados ao mesmo tempo, suas conquistas seriam iguais, ou estaríamos diante de um grave equívoco do Grande Criador de todas as coisas.

Ante a reencarnação, os Espíritos são mais antigos – o que nem sempre é atributo de sabedoria – e mais novos – o que não significa que sejam ignorantes –, porém, todos são irmãos, isto é, iguais diante de Deus, com as diferenças que resultam de suas conquistas morais, em sua marcha progressiva.

Conforme é sabido e Gustavo Geley afirmou, nas leis universais "não há repouso; tudo se transforma e progride", uns cedendo lugar a outros, que os substituem e, ao mesmo tempo, os impulsionam a avançar "sem cessar".

A reencarnação ou memória *extracerebral* pode ser poeticamente chamada o "elo perdido" do mecanismo antropológico da evolução, porque partindo do princípio que o corpo é o efeito, a transmutação de um a outro espécime deu-se no mundo causal ou espiritual, fazendo-se na Terra a mudança de formas, tão rápida, que não sobraram suficientes fósseis como nas demais etapas.

Além do mais, é muito provável que no momento em que o *Pithecantropus erectus* evoluiu até o *Homo sapiens*, o Espírito que se reencarnou nesse intervalo não era terrícola, mas sim, estava momentaneamente exilado, ajudando, ao mesmo tempo, na elaboração da forma para os viajantes do planeta que os hospedava em seu doloroso resgate...

Impulsionaram os moldes e organizaram o corpo, mas, também, deixaram vestígios de conhecimento e cultura ao longo dos tempos, em intercâmbio interplanetário, já que as distintas moradas do Cosmos pertencem à mesma "Casa do Pai", como bem o afirmou Jesus.

Humberto Mariotti

11

Suicídio:
o grande crime!

O CORPO CONSTITUI UM GRANDE BEM PARA O Espírito que, por seu intermédio, adquire valores para seu aperfeiçoamento.

Cuidar de todas as suas funções, amparando-o, ainda que seja portador de limites e insuficiências, é um dever importantíssimo para as criaturas.

Em sua organização íntima, dois instintos se apresentam fortes, estimulando a área da razão: a preservação da vida e a busca da felicidade.

Concedido por Deus ao ser, somente a Ele pertence o direito de interromper-lhe o fluxo vital, por meio de acontecimentos apropriados para isso.

Diante das enfermidades e dissabores que gastam suas resistências, é lícito atenuar os efeitos, preservando-lhe as funções quanto seja possível, com o objetivo de mantê-lo saudável.

Nada deve se lhe impor como motivo de destruição, posto que ele repugna a consciência pessoal, social e cósmica, porque toda ação nefasta ou cruel contra a vida afeta, igualmente, o organismo geral no qual ela se move.

São inumeráveis, portanto, as razões que se opõem a este ato deliberado de ódio contra a vida, de extrema rebeldia, que é, também, uma forma de loucura cultivada até o momento da passagem fatal.

O suicídio é, sobretudo, um supremo ato de covardia, uma declaração de que é inapto para a luta e que se tem escolhido o método mais fácil de fugir do trabalho e de desempenhar o papel que lhe corresponde cumprir na harmonia social.

Os epicuristas e os estoicos proclamaram que o suicídio é um ato de valor, como se fosse um sinônimo de grandeza moral, como agora afirmam algumas correntes materialistas que pretendem ensinar técnicas de suicídio sem dor.

Atribui-se a Schopenhauer uma resposta muito curiosa, dada a um aluno seu. Enquanto ensinava que o suicídio era a única solução para os problemas humanos, aquele lhe perguntou: "por que ele não se matou, já que alcançou a velhice e, certamente, teve muitas dificuldades na vida?"

O filósofo contestou: "Se eu tirasse minha vida, quem lhes ensinaria a matar-se?"

O suicídio, diante das luzes da sã moral, ou de uma moral afim com a razão, é sempre condenável, posto que não há motivos verdadeiros que imponham ao homem a destruição de seu corpo.

Ainda quando se diz que o suicídio se justifica para limpar a desonra de vida, isto é um sofisma, posto que a única forma de lograr desmentir a desonra, é permanecer vivendo e lutando para demonstrar o valor moral, corrigir o dano e recuperar-se moralmente.

Com exceção dos doentes mentais, o suicídio medeia como praga entre os hedonistas e materialistas que, da vida, somente querem o prazer e nada mais.

A vida tem um curso que deve ser percorrido e o homem sabe que os acontecimentos resultam de ações anteriores que os programam, como consequências naturais umas das outras.

Toda reação procede de uma ação primeira.

Por isso, a busca da felicidade deve apoiar-se em valores éticos que não estejam em contraposição com as leis que regem a vida, apresentando diretrizes comportamentais que submetem a vontade aos fatores propiciatórios do bem-estar e da harmonia.

Quando alguém toma sua última decisão, a de se tirar a vida, cai sob as sanções naturais que sua atitude propicia, desencadeando sofrimentos que pioram sua situação ao invés de solucioná-la.

O suicida quer fugir da vida e, por mais que o tente, a vida o surpreende depois.

Não sendo o corpo a vida em si mesmo, senão

a indumentária transitória do Espírito, os atentados contra si produzem dano na estrutura perispiritual, que incorpora a violência a esse mundo energético que irá constituir, em outra existência, o veículo material para o resgate inevitável de tal crime.

A vida tem uma finalidade muito bem definida em todos os seus atributos.

Interromper suas funções orgânicas, significa lesar seus campos vibratórios encarregados das expressões fisiopsíquicas.

O suicídio é, portanto, um ato de aberração, o mais grave atentado contra a Consciência Divina encarregada do equilíbrio universal.

Deste modo, o transgressor da ordem se transfere de um a outro estado energético, sem que saia de si mesmo, adicionando, às suas antigas penas, as novas adquiridas por sua própria vontade.

Os remorsos, em forma de vermes que lhe devoram a paz, constituem o mais tremendo castigo que se impõe o trânsfuga da responsabilidade, quando foge pela falsa porta de suicídio.

Além do mais, os efeitos negativos que pesam na economia moral e social do grupo onde vivia, como na família, são incorporados à sua crueldade mental, já que sua atitude responde por danos que afetam aqueles que agora sofrem sua deserção.

Por estar o Mundo Espiritual constituído por uma sociedade real, pulsante, aqueles que ali chegam, fugindo de seus deveres, experimentam as angústias derivadas de sua situação de miserabilidade emocional e desconcerto íntimo, que refletem a disposição negativa e ingrata de suas personalidades.

Assim retornam à Terra, os Espíritos devedores, reencarnando-se envergonhados, submetidos a provas muito dolorosas que os convidam a profundas meditações e amargos testemunhos para que se lhes renove a fé em Deus, em si mesmos e em seu próximo.

Ninguém consegue aniquilar-se a si mesmo, quando investe contra o corpo.

As dores e frustrações que fazem a vida menos feliz, são bênçãos que o homem avaliará no futuro, quando o veículo das horas o leve ao término de seus sacrifícios.

Verdadeiramente, não há ninguém na Terra, que não esteja submetido a problemas e sofrimentos, que são a metodologia para a iluminação espiritual.

Cada qual é seu *microcosmo* pessoal, e avança sob condições específicas que resultam de suas conquistas e perdas morais, méritos e deméritos espirituais que constituem seu patrimônio evolutivo.

Por mais amargas que sejam as situações da caminhada e por mais obscuras que se apresentem as curvas do caminho, é necessário acender a luz da confiança em Deus, adquirindo forças e fé para não desanimar-se nunca.

O que hoje se sofre, amanhã será um gozo, assim como o que agora se desfruta, mais tarde pode apresentar-se como falta.

A razão e a inteligência, manifestações de Deus no homem, dizem com segurança que ele não deve nem pode matar ou tirar a vida, de si, nunca!

O antídoto do suicídio é a oração, que deve resultar de uma sólida formação moral e religiosa, como aquela que o Espiritismo propõe, ensinando que a vida, com suas atuais provas e dificuldades, não é senão uma oportunidade de resgate e crescimento para a conquista perdurável da paz espiritual.

Cosme Mariño.

12
Liberdade de consciência

O CRISTIANISMO FOI A DOUTRINA QUE SE encarregou de propagar os direitos iguais dos homens, ensinando-lhes que todos são irmãos, filhos do mesmo Pai, herdeiros do amor pleno.

Trabalhando pela liberdade humana, o mestre Jesus demonstrou que a vida terrena tem fins hiperfísicos, dando as bases para um comportamento antiescravagista.

Os homens se diferenciam por suas conquistas morais, que são permanentes, enquanto que as posições sociais, econômicas e políticas são transitórias, pois são bens que constituem uma mordomia, quando são relevantes, e dos quais se dará contas ao Administrador Universal.

O paganismo dividia os homens em classes vergonhosas, indignas de sua cultura e civilização, justificando a escravidão dos povos vencidos, permitindo que os vencedores transferissem, para aqueles, as tarefas que antes lhes cumpria realizar, aplicando o tempo, agora disponível, em vícios e na degeneração dos costumes que provocaram a queda dos grandes construtores nacionais e de suas sociedades.

Platão e Aristóteles também deram seu apoio a tão abominável sistema, o da escravidão, que dá, ao homem, menos valor que a um animal que se vende ou transfere, negando-se-lhe qualquer direito.

Seu amo e senhor pode atormentar seu escravo, submetê-lo a suas paixões e, inclusive, tirar-lhe a vida...

No entanto, Sêneca, Epicteto e Marco Aurélio, entre outros, protestaram contra medida tão desumana como indigna, de um povo culto e consciente.

Na Idade Média, já se podiam encontrar dois sistemas que violavam a liberdade humana: a servidão e a escravidão.

Sendo a servidão menos cruel, retinha, assim mesmo, o homem à terra e ao amo, que dele se valia de acordo com a própria consciência moral...

Apesar de gozar de alguns direitos, o homem era injustamente mantido sob controle senhorial, que violava sua liberdade.

O direito romano e as leis de muitos países justificavam a escravidão e, ainda hoje, ela se apresenta disfarçada, aqui ou ali, dominando milhares de milhões de vidas em toda a Terra.

Enquanto permanecer o "poder da força", de qualquer forma dominante, a escravidão continuará entre os homens.

No Cristianismo primitivo, nas catacumbas, por exemplo, se encontravam juntos, em perfeita união de fé e fraternidade, escravos e patrícios, servos e senhores, nobres e plebeus, buscando construir, em harmonia, um mundo ideal até agora ainda não logrado.

A própria Igreja romana, desvirtuando os ensinamentos de Cristo, manteve, por muitos séculos, escravos e servos a seu serviço, separando os indivíduos por classes e estabelecendo hierarquias enganosas para seus sacerdotes, que se fizeram príncipes, juízes, nobres e dominadores, em lamentável atitude de negação da humildade e da fraternidade que ensinara e vivera o Mestre.

Jesus, compreendendo, desde logo, a dificuldade dos homens para gozar da liberdade e da fraternidade, pelas paixões e domínios humanos, políticos, econômicos, bélicos e culturais, ensinou: "Buscai a verdade e a verdade vos libertará".

Em ética, a liberdade moral é um dos mais debatidos conceitos, posto que a vida muda totalmente de rumo, quando o ser descobre a forma de andar sem coação, com tranquilidade, superando as condições que lhe são impostas, oferecendo um profundo e transcendental significado ao valor e ao sentido da vida.

Sócrates na prisão, Cristo na cruz, Gandhi no cárcere, Luther King sob perseguição contínua, mantiveram-se livres porque acreditavam na verdade, na dignidade e no amor.

Os ensinamentos da reencarnação elevam a criatura, preparando-a por meio do conhecimento da verdade – quem é o homem, de onde veio e para onde se dirige – para viver em liberdade real, escolhendo o que quer fazer, como fazê-lo e para que fazê-lo.

Aquele que hoje domina, diz a reencarnação, amanhã servirá; quem prejudica agora, mais tarde ressurgirá prejudicado.

A criatura é o que de si mesma tem feito, competindo-lhe lutar contra as más condições para superá-las e, aproveitando as circunstâncias positivas, conquistar os degraus da escalada de seu progresso.

Ser livre espiritualmente e respeitar a liberdade de seu próximo, é dever inadiável para quem descobriu a verdade.

A liberdade de consciência é inviolável. Não se pode furtar. Ainda que se destrua o corpo, ela permanece incorruptível.

A liberdade é como a dignidade. Ninguém a subtrai.

Um homem encarcerado pode ser mais livre ali, que aquele que se crê liberto para mover-se pelas ruas.

O homem é sua consciência e é aí onde pode

ser totalmente livre, apesar dos limites que lhe sejam impostos...

O direito da liberdade alheia apesar de não ser, todavia, reconhecido pelos governos arbitrários e pelas pessoas caprichosas e egoístas, é uma conquista íntima que um dia sublimará as paixões primárias do mundo, abrindo imensas possibilidades para a vida digna, altruísta e feliz.

Esta liberdade, no entanto, tem seus limites, que são aqueles que correspondem aos direitos alheios, diferindo da que disputam os animais nas pradarias, nos ares e nos mares, onde a vida se apresenta sob outras condições.

Ela resulta de uma consciência cósmica, trabalhada pelo conhecimento do bem e da vivência do amor como nos ensinou Jesus.

Quando o homem for inteiramente livre, ainda que esteja em situação física, social, política ou econômica ultrajante, ao haver encontrado a verdade, será feliz, pois no país de sua consciência, tudo pode e tudo realiza.

Francisco Madero.

13

Duas alternativas

São duas as alternativas do homem: ódio, que significa morte, e amor, que representa vida.

O ódio acorrenta a loucura e escraviza; enquanto que o amor cura e liberta.

O ódio avilta; o amor dignifica.

O ódio mata; o amor salva.

O ódio degrada; o amor eleva.

O ódio é herança dos instintos primitivos; o amor é presença divina no coração.

O ódio sempre destrói; enquanto que o amor sempre edifica.

O bruto odeia porque não adquiriu o raciocínio; enquanto que o homem, superando as paixões, se entrega ao amor.

O ódio é doença passageira; o amor é saúde permanente.

O ódio trai; o amor permanece fiel até o fim.

O ódio é o degrau inferior da escada da evolução; o amor é a cúspide das mais altas ambições morais do ser.

...Por isso, "Deus é amor", conforme assinalou João, com muita propriedade e sabedoria, sendo o amor o primeiro e o mais importante de todos os mandamentos e leis jamais conhecidos.

AMALIA DOMINGO SOLER

14

Paranormalidade mediúnica

Passado o período heroico em que a mediunidade era confundida, a propósito, com estados de loucura, como aconteceu com outros avanços da Humanidade, que não têm sido aceitos por seus contemporâneos, nos encontramos numa etapa feliz para o intercâmbio espiritual.

No entanto, ainda existem algumas fortalezas culturais onde medram o desprezo e a incredulidade com respeito à paranormalidade humana. Àquela época de perseguição lhe sucede esta, em que a crença se generaliza, tais são os fatos registrados em toda parte, em contínuo convite ao exame do ser, de seu destino, da realidade da vida, já, portanto, impossível de negar.

Pouco a pouco, os médiuns vão ocupando os lugares que devem oferecer-lhes campo para os trabalhos com os quais têm compromisso, que é o de preparar o advento da Era da paz e da fé raciocinada que todos aguardamos.

Para tal realização, faz-se indispensável uma correta compreensão do que é a mediunidade, sua finalidade, seu manejo e seu campo de ação, para evitar que males antigos se repitam, criando situações falsas e embaraçosas.

Um dos grandes perigos que cerca os médiuns, neste momento, entre outros não menos graves, é atribuir-lhes infalibilidade, com o consequente endeusamento injustificável, transferindo-lhes o culto à personalidade ou apresentando-os como novos profetas.

Se não se justificava a anterior desconfiança exagerada, não é factível conceder-lhes, sem raciocínio, a crença; considerando sempre a necessidade de manter uma atitude amiga, de confiança, porém honesta, longe da credulidade exagerada.

Todos os médiuns são passíveis de equívocos, de ser mistificados, ainda mais, se consideramos que são instrumentos e não autores das mensagens, o que exige bom senso e prudência do observador, antes de aceitar as informações que provenham do Mundo Espiritual.

São características de segurança no fenômeno, a conduta moral do médium, seus valores éticos, seu desinteresse material, frente aos fatos de que se faz objeto. Além disso, vivemos cercados por uma psicosfera carregada, onde sucedem acontecimentos inesperados que nos convidam à meditação e ao cuidado diante de todos os fatos.

A Ciência Espírita é a Doutrina da fé raciocinada, adquirida conscientemente e que enfrenta o conhecimento sem temor, renovando-se sempre.

A mediunidade é, em si mesma, amoral. A condução que lhe oferece o médium é a que permite que desta faculdade se possam tirar resultados de acordo com a qualidade do conteúdo que dela resulta.

"Certa predisposição orgânica", como ensina Allan Kardec, impõe um conhecimento de sua fisiologia, mediante uma metodologia disciplinada, que é sua prática sem pressa e constante, permitindo-lhe o desenvolvimento de suas possibilidades.

Impõe, por sua vez, um estudo lógico para que se saiba como aplicá-la, aperfeiçoando a capacidade de captação e registro das mensagens espirituais.

O médium de efeito intelectual é similar a um *telefone* que recebe chamadas, devendo estar atento para examinar o conteúdo das mesmas e transmiti-las com a fidelidade possível.

O médium de efeitos físicos é como um dínamo gerador de forças, que deve controlar com sua dignidade moral, para não prejudicar ninguém nem prejudicar-se a si mesmo.

Sempre em estado passivo, deve aguardar e não provocar as comunicações, o que lhe propicia uma posição de humildade, libertando-se da presunção e do orgulho, filhos prediletos do egoísmo que é seu mais terrível inimigo.

O exercício da mediunidade deve destinar-se a uma superior aplicação de sua finalidade, evitando-se a vulgaridade, os interesses materiais e imediatistas, dedicando-a às conquistas morais e espirituais, nas quais não há perigo de intervenção dos seres zombeteiros, mistificadores e maus.

A mediunidade é neutra na seleção dos fenômenos que resultam da sintonia dos homens com os Espíritos, de acordo com suas aspirações e irradiações psíquicas.

Tem por finalidade penetrar e apresentar o mundo hiperfísico, sua realidade, sua constituição, sua sociedade e sua causalidade anterior ao mundo físico.

Normalmente, os médiuns são Espíritos endividados que fracassaram em outras empreitadas e que têm rogado esta preciosa oportunidade para resgatar seus erros por meio da prática do bem, adquirindo, assim, títulos que os libertem de suas penas, ajudando-os a crescer e a amparar suas antigas vítimas.

É uma faculdade natural do homem, que pode apresentar-se tanto como campo de provas e lutas, como, também, semeadura missionária.

Quase sempre surge com sintomas de desequilíbrios físicos e, especialmente, psíquicos na área emocional, produzindo estados especiais nos indivíduos, que assim se dão conta de sua *predisposição orgânica*, tornando-o um paranormal.

Considerando a evolução espiritual do médium, a faculdade pode apresentar-se como uma prova constante, na qual ele sofre as contingências do resultado evolutivo em contínua vinculação com aqueles que lhe são semelhantes.

A aquisição de valores morais, como consequência de uma atividade benfeitora, pela perseverança no ideal do bem servir, lhe brindarão a simpatia dos Espíritos Superiores que o ajudarão a mudar de situação, podendo, com o tempo, tornar-se missionário, o que lhe exigirá sacrifício e renúncias muito pesadas.

Francisco de Assis, por seu alto grau de elevação moral, exerceu inconscientemente a mediunidade, fazendo-se portador dos ensinamentos do Cristo aos homens que os haviam adulterado ou que deles se haviam esquecido.

Adolf Hitler estava igualmente dotado de paranormalidade e, havendo-se vinculado a seres inferiores, logo desencadeou uma guerra cruel que, até hoje, traz infelicidade à humanidade devido aos seus efeitos destrutivos.

Alguns teólogos têm querido que a mediunidade seja considerada como uma graça, uma concessão espiritual divina para alguns eleitos. Se assim fosse, isso constituiria um absurdo privilégio, jamais justificável, porque nem todos a tem utilizado corretamente.

O rei Saul, por exemplo, era médium obsesso, que somente se acalmava com os cânticos de Davi, que constituem os Salmos bíblicos.

Jeremias, o profeta, aplicou bem suas potencialidades mediúnicas a serviço de seu povo e dos Instrutores do Mais Além.

Nero, vidente e auditivo mediúnico, converteu-se em um monstro, enquanto que Joana d'Arc se transformou na salvação da França.

Conhecida por todos os povos da Humanidade com distintos nomes, foi, entretanto, Allan Kardec quem deu à mediunidade uma estrutura moral, por meio do conhecimento profundo de suas variadas expressões, advertindo sobre os perigos de uma má aplicação e dando-lhe uma correta direção.

Com o Espiritismo, que é ciência, filosofia e moral, revelação feita por intermédio dos médiuns, que Kardec estudou, comparando todas as informações e ensinamentos, e tirando deles esta Doutrina extraordinária, a mediunidade adquiriu cidadania moral e cultural, deixando de ser considerada como uma *chaga psíquica*, para passar ao lugar que lhe corresponde, que é o de paranormalidade humana.

Além disso, para garantir a qualidade do conteúdo, o Codificador do Espiritismo recomendou sua gratuidade, explicando que os médiuns devem submeter-se normalmente aos deveres civis e de trabalho de todos os cidadãos e aplicar a mediunidade com sentimentos de amor e caridade em benefício próprio e de seu próximo.

Sim, é possível viver para a mediunidade, quando se tenham recursos para a manutenção da vida, em vez de viver da mediunidade.

Com o correto conhecimento das faculdades mediúnicas e sua digna aplicação, pode-se esperar uma sociedade mais feliz, porquanto, aqueles que não possuem mediunidade natural poderão, por meio do exercício, desenvolver suas potencialidades inatas e situar-se em um nível de sintonia, vivendo em contato com o Mais Além de onde obterão inspiração e segurança para a vida.

Aqueles que hoje demonstram grandes possibilidades mediúnicas, já as exerceram em vidas anteriores, enquanto que os que somente apresentam *sintomas*, se iniciam agora para que, no futuro, tenham recursos mais amplos.

O Espírito é, em última instância, o possuidor da mediunidade, o qual plasma, no corpo, o mecanismo que lhe facilita a manifestação.

Aplicar-se o homem no estudo e exercício da

mediunidade, constitui uma forma de adquirir conhecimentos mais amplos e possuir a chave para decifrar muitos enigmas que ainda perturbam a criatura humana.

A mediunidade, dignificada pelos valores ético-morais, é uma bênção a serviço do homem, da vida e, portanto, de Deus.

Cosme Mariño

15

Sexo,
sexualidade
e amor

Em razão do impacto que a ética moral sofre por parte da alienação que domina os homens, surge uma lamentável confusão a respeito do sexo e da sexualidade, do sexo e do amor, sem preocupação alguma por estabelecer as linhas divisórias que impõem uma conduta compatível com o estado cultural do momento.

O sexo, como é sabido, define a linha orgânica na qual se exercitam os seres, diferindo da sexualidade, que é um conjunto de condições anatômicas, fisiológicas e psicológicas que determinam o sexo de cada um.

Pode-se utilizar o sexo, por instinto ou corrupção de costumes, sem que se exercite a sexualidade.

O sexo atende a impulsos da etapa primitiva do ser, enquanto que a sexualidade obedece ao equilíbrio da razão, que estabelece as condições necessárias para sua aplicação.

Na sexualidade, se faz indispensável o amor, que se manifesta por meio dos sentimentos e que alcança as expressões que se canalizam em favor de função sexual.

Para ditas realizações – a sexualidade e o sexo –, a mente é fator de vital importância, visto que á a estimuladora das funções pertinentes a ambas.

Normalmente se praticam atos sexuais sem o equilíbrio da sexualidade, assim como sem amor, ainda que se informe que sexo e amor são coisas idênticas.

Os animais se unem e reproduzem sem que o amor, que é a expressão do sentimento da razão, que ainda não possuem, esteja presente.

Com a mente, o homem utilitarista está esgotando suas funções genésicas, porque estando insatisfeito, sempre recorre a atividades viciosas, em detrimento das funções e da plenitude que o amor, em seu elevado conteúdo, propicia.

Entregando-se ao sexo, antes de possuir a madureza emocional que lhe facilita o equilíbrio hormonal, logo danifica a sexualidade de intrincados e sutis mecanismos que, no futuro e ainda sob a ação do amor, não logrará responder à chamada do sentimento.

O uso desordenado do sexo faz com que ele passe a reger a mente – o prazer continuado fixando-se nos painéis mentais – ao invés de conduzir, ela, a função sexual.

Então, quando chega o momento do matrimônio, os indivíduos não habituados a uma disciplina correta, se entregam a excessos, destruindo a primeira finalidade de união, que é a vivência do amor, desmoronando, assim, a construção da possível felicidade que, cada dia, se faz mais difícil.

Por desequilíbrio moral, um dos esposos, o mais vicioso, ou os dois, começam a buscar experiências novas fora do lar, traindo o companheiro e caindo, assim, no desnecessário adultério, que mais corrompe o ser, até levá-lo de volta à vida vulgar que antes mantinha. A separação, então, se produzirá automaticamente, provocada pelo afastamento emocional e pelo desinteresse sexual, advindo as antipatias e repulsas que acabam em cenas muito lamentáveis.

O sexo tem uma finalidade específica, que é a reprodução dos seres.

A Divindade lhe tem propiciado reações de prazer e bem-estar para que o ato da procriação se realize num clima de satisfação, atraindo as criaturas, umas às outras.

No entanto, colocou o amor como mediador indispensável, para que o casal possa ajudar-se nos momentos difíceis, renunciando, cada um, quando seja necessário, em benefício do outro, ou sacrificando-se em favor da prole, do conjunto familiar.

Há quem diz que o matrimônio neste instante "é uma instituição falida", porém, não apresentam nenhuma alternativa para a construção de família, fazendo da criatura humana um animal sexual que usa e abusa, deixando, em consequência, a prole ao abandono...

Se o matrimônio não é, todavia, um meio perfeito para a manutenção da harmonia dos seres, a culpa não é dele, senão dos indivíduos que se comprometem antes do tempo, ou que o utilizam como fuga, sem a necessária reflexão que exige tal atitude...

Quando o amor dirige as sensações, elevando-as até a área das emoções, se faz mais fácil superar os problemas conjugais, reorganizando-se os programas afetivos e reencontrando-se o prazer da convivência.

Toda união fraternal, comercial, matrimonial, ou seja qual for, experimenta crises, que resultam das dificuldades que os homens têm de entender-se tanto quanto devem.

O orgulho, o amor próprio, a insegurança pessoal respondem pelas desconfianças, as inferioridades que produzem suspeitas e propiciam a separação precipitada antes de que o problema passe pelo crivo da razão e de uma meditação mais profunda mediante a qual se acalma a situação e se renova o compromisso, que prossegue, quiçá, mais seguro e mais profundo.

Além do mais, é possível que uma pessoa possa explorar outra sexualmente, sem sentir nada por ela. Porém, nem sempre é igual à recíproca e se a outra, por acaso, se apaixona, vinculando-se emocionalmente a quem a prejudica, cria-se uma situação kármica para o explorador, da qual não se libertará facilmente.

A vida humana é muito importante para ser malbaratada com indiferença.

Quem se converte em vítima de outra pessoa, imanta-se a ela, espiritualmente, criando-lhe problemas de tardia solução.

O sexo e a sexualidade merecem respeito e boa utilização para atender à finalidade para a qual a Vida os tem organizado.

Quando um Espírito reencarna por múltiplas existências em um sexo e o troca por necessidade evolutiva, volta com a anatomia diferente, porém mantém a psicologia anterior, produzindo-se uma série de dificuldades de adaptação ao novo corpo. Por isso, o respeito pela forma atual deve ser mantido, evitando-se, assim, compromissos morais negativos, que imporão necessários resgates futuros.

O sexo é um meio e não a finalidade primeira da vida.

Somente com o amor, o sexo consegue atender, corretamente, a finalidade para a qual foi criado por Deus, como instrumento momentâneo de reprodução da vida.

HUMBERTO MARIOTTI

16

Amor e educação

Sabe-se que o objetivo primordial do Espiritismo é a transformação moral do homem e, como consequência, a renovação da sociedade.

Célula básica do organismo social, o homem influi decididamente na formação ética do meio onde se encontra localizado, contribuindo, mediante sua conduta, com os elementos essenciais para a vida comunitária.

Cada conquista ou perda que lhe corresponde, soma ou subtrai do que tem conseguido até então. Por isso se diz que, quando alguém se ergue, com ele se levanta a humanidade, sendo a situação recíproca, de certo modo, também muito verdadeira.

No entanto, para que o indivíduo alcance seu desenvolvimento moral, é necessário que realize um estudo sistemático e cuidadoso da Doutrina Espírita, para adquirir a segurança íntima que resulta da fé raciocinada, por ser a única forma de poder enfrentar todos os desafios da vida com tranquilidade e confiança.

O conhecimento das leis que regem o Universo

lhe propicia a entrega pessoal ao trabalho de edificação do bem em si mesmo e, simultaneamente, o que está ao seu redor, já não só compadecendo-se da ignorância, como, também, lutando para erradicá-la onde se encontre.

Muda o conceito a respeito da felicidade e da posse, entendendo que não é dono de nada, senão usufrutuário dos valores que, momentaneamente, passam por suas mãos.

Diante da miséria do ser humano, conhecedor do amor, trabalha e estimula a todos os que sofrem essa opressão para que saiam dessa incômoda situação, mediante esforços, por sobre-humanos que sejam, elevando-se a um nível superior, mais digno e mais responsável.

Não foi por outra razão que o Espírito de Verdade assinalou, com decisão: "Espíritas, amai-vos, este é o primeiro mandamento; e instruí-vos, é o segundo."

O amor estimula à caridade e a instrução liberta da miséria, especialmente daquela que é pior, quer dizer, a de natureza moral, que engendra as demais formas que comprimem e malogram o ser.

Sistema filosófico essencialmente educativo, a proposta espírita não é de realização imediata, tentando solucionar, precipitadamente, os antigos problemas da Humanidade.

Atua na raiz, na causa dos males, que se encontra no próprio homem, em suas imperfeições morais e espirituais que o retêm na retaguarda do processo evolutivo. Tal é o egoísmo, herança do instinto de dominação pela força, que responde por muitas infelicidades e atrasos que ainda permanecem na Terra.

Lutar com afinco para erradicá-lo de sua conduta, é um dever que não pode ser postergado.

A técnica mais imediata e eficaz para vencê-lo, é aprender a repartir o que se tem entre aqueles que pouco ou nada possuem e sofrem sua falta, envenenando-se com a amargura, o ódio e as penas que os fazem infelizes.

Numa sociedade considerada justa, os direitos mínimos do homem são: saúde, educação, trabalho, alimentação, preservando-lhe, assim, as condições humanas.

Como estamos longe de considerar justa a sociedade atual, nos deveres para com seus irmãos, sem prejulgamentos de raças, de política, de religiões e de nacionalidades, é urgente que os espiritistas revivam as experiências cristãs de ajuda recíproca, de esclarecimentos contínuos e de disseminação da caridade por todos os meios e com todos os recursos ao alcance.

A caridade material certamente não solucionará os problemas dominantes; no entanto, contribuirá para evitar danos mais terríveis e lutas sangrentas desnecessárias, resultantes da rebeldia e do desespero dos pobres mais pobres, mais esquecidos e reduzidos à posição infra-humana, cujas vozes não são ouvidas e cuja presença causa desagrado.

Dir-se-á que, permanecendo o problema, este tende a agravar-se. É possível, ainda, que neste intervalo possam surgir soluções mais convincentes e rápidas, modificando os lamentáveis sistemas, ora vigentes.

Este é um dos grandes reptos para os espíritas, que não podem fugir de tal responsabilidade, pactuando, por falsa humildade, que pode confundir-se com indiferença ante isso, com esta infeliz situação na qual permanecem milhares de milhões de criaturas em toda a Terra.

Enquanto não chega a solução, que realmente não é fácil, a caridade será uma bendita estrela que iluminará, com esperança e socorro, a noite dos sofredores.

Digamos que a caridade é o sentimento mais elevado do amor em ação, aplicando todos os seus esforços para promover o homem, enquanto o atende, urgentemente, em sua necessidade.

Oxalá se tenha em conta, que a caridade é sempre importante para aquele que a pratica, pois aprende a interessar-se por seu próximo, a desprender-se das coisas, a repartir conhecimentos e valores, a participar da vida sem o domínio do egoísmo, esse imoderado amor a si mesmo, que faz infeliz o ser e produz desgraça ao seu redor.

O amor, mediante a caridade, socorre; e a educação, por meio da aquisição de conhecimentos, impulsiona o progresso.

Tanto o amor como a educação, caminhando unidos, levarão o homem para a verdade, que é a única forma de libertá-lo, como, definitivamente, o ensinou Jesus e Kardec o confirmou.

Matilde R. de Villar

17

O sentido
da vida

Uma das primeiras e mais imediatas consequências do conhecimento espírita é a valorização da vida.

Para os hedonistas, a vida inteligente é um hino de exaltação ao prazer e à beleza, exigindo do homem aproveitar-se de tudo, até o esgotamento das forças, é, então, quando viver perde o significado, o sentido real.

Para os estoicos, a vida é um contínuo lutar contra as dificuldades e dissabores, adquirindo, assim, energias para superar os problemas em interminável vigília, e alcançando, por meio dessa luta, a felicidade.

Para os pessimistas, não vale a pena viver, pois o mundo é mau e tudo está cada dia pior, sendo impossível modificar as coisas para melhorar o rumo dos acontecimentos.

Para os idealistas, a vida é um esforço que se empreende para alcançar os objetivos que os anima, como fator decisivo para sua plena realização.

Inumeráveis religiosos, pertencentes a múltiplas

escolas de fé, no Cristianismo e em outras doutrinas, afirmam que é necessário negar o mundo até odiá-lo, fugindo, às vezes, de sua maldade e tentações para conseguir a paz interior na Terra e a salvação depois da morte.

São posições filosóficas antagônicas e destituídas de uma finalidade edificante, porque estão fundamentadas em conceitos de eficácia não comprovada para a felicidade humana.

Materialistas e espiritualistas de ambas as correntes chocam em suas opostas condutas doutrinárias; no entanto, têm uma forma igual de ver o mundo que, para eles, é caótico, o que não corresponde à realidade.

Entretanto, o mundo não é bom, nem mau, mas sim, o resultado do que têm feito os homens.

Há beleza e maldade em toda parte, de acordo com a capacidade e o estado interior de quem observa as manifestações.

A escola, no geral, é neutra, em relação aos alunos nela matriculados, porém possui uma programação que deve ser atendida, por meio da qual se consegue alcançar a finalidade que cada um se propõe.

Assim é a Terra, nem melhor, nem pior, já que pode e deve ser comparada a uma escola, onde se desenvolve o progresso espiritual das criaturas.

Com o conhecimento do Espiritismo, que demonstra a procedência e o destino do ser, há toda uma ética moral envolvida no sentido da vida, que deve ser considerada desde o ponto de vista mais elevado e, portanto, superior.

Dessa forma, o homem deixa de ser um marionete sem valor nas mãos do destino, para transformar-se em um ser atuante, com definidos compromissos que o alcançam até chegar ao último ponto de seu processo evolutivo...

A dor já não é uma punição arbitrária e caprichosa da Divindade, como antes lhe foi dito, mas o resultado de sua própria escolha, da preferência que tem em ampliar suas conquistas intelectuais e morais: seja pelo esforço e obediência às leis que regem a vida, e que são imutáveis, ou por meio de quedas e reerguimentos, porém com a carga de prejuízos que são o efeito natural.

A vida, então, é uma oportunidade de valiosos aprendizados que o Espírito incorpora ao mecanismo evolutivo, compreendendo que o erro é um acidente no caminho de sua felicidade e que lhe ensina o que deve fazer, e como fazê-lo em seu benefício pessoal, valorizando cada passo que o aproxima à meta final.

Por sua vez, entende que não está isolado no mundo, devendo participar do progresso cultural e civilizador das demais criaturas humanas, ajudando-as e contribuindo, decididamente, para que alcancem melhores meios de crescimento íntimo , ampliando a capacidade de compreensão e realização pessoais.

Com essa visão da vida, sabe que sua limitação é também limite para os demais, assim como as necessidades de seus companheiros de viagem são também suas.

Isto o impulsiona a viver a verdadeira fraternidade, que é o sentimento de união e concórdia que deve prevalecer entre os indivíduos.

Pode-se medir o processo da evolução sóciocultural e ética de um povo, por meio da fraternidade existente entre seus membros.

Ela permite a ajuda mútua mediante a solidariedade, que impede a presença da miséria em seus múltiplos matizes, expulsando, assim, a ignorância e o crime de suas comunidades.

A vida, através da visão otimista do Espiritismo, adquire a dignidade que merece, inspirando amor por ela, seja por meio do mesmo amor a todas as coisas que a constituem e representam, seja porque somente dessa forma merece ser aproveitada em benefício de todos.

Tudo quanto se faz pela vida, esta o devolve, exatamente igual. Quer dizer, que sempre se colhe conforme se tem semeado, o que é muito digno, porque ninguém se transforma em um ser parasita ou prejudicial sem que deixe de sofrer as consequências de seu comportamento.

A ascensão moral, cultural e espiritual é um desafio ao alcance de todos, especialmente daqueles que valorizam as oportunidades que se lhes apresentam no cotidiano, propiciando-lhes a libertação das penas que predominam nas etapas mais baixas do processo evolutivo do ser.

A consciência espírita brinda ao homem, responsabilidades morais que lhe propiciam a elevação dos sentimentos, o culto dos deveres e a tranquilidade pessoal.

O sentido da vida é aproximar a criatura ao seu Criador, por meio do bem que se encontra presente em todos, como semente divina que aguarda o sol do amor para germinar e crescer, até alcançar a plenitude a que está destinada.

Ermelindo Bravo

18

Conquista intelectomoral

Certamente, não seria possível transferir de ontem, do tempo de Jesus, à atualidade, a vivência evangélica.

Aqueles eram dias especiais e as circunstâncias se apresentavam diferentes por motivos históricos, sociológicos, psicológicos...

Os tempos possuem suas próprias características, que são trabalhos que resultam de suas aquisições estruturadas no progresso moral e cultural, que lhes assinala cada século.

No entanto, os ensinamentos de Cristo têm um sabor especial, porque foram oferecidos para todas as épocas, apesar das conquistas e desgraças de cada período da evolução histórica dos povos.

A lei do amor, por exemplo, é de valor eterno, já que se fundamenta na lei natural, aquela que representa a criação e, portanto, a Divindade.

Dela surgem todas as outras leis que permitem o progresso, o crescimento, a evolução da vida.

Quando o conhecimento ama, impulsiona o ser à valorização de todos os seus recursos, que são aplicados para a superação das paixões primitivas, que intencionam manter o homem nas baixas etapas do desenvolvimento moral e intelectual...

Quando o conhecimento não ama, enlouquece a criatura humana e a guerra dirige o comportamento da Humanidade, que semeia a morte, a miséria e a destruição pelos caminhos, cobrindo-os de cadáveres e de desolação...

Enquanto isso, há inumeráveis desafios que surgem a cada momento diante de quem, encontrando o conhecimento da Verdade, luta para crescer e avançar para o bem.

Como existe no homem o predomínio dos instintos agressivos: a violência, a luxúria, a maledicência, o ciúme e o ódio, a cada passo, provocam sua queda, correspondendo a esse estudante de si mesmo, superar suas más inclinações e seguir animado pelos propósitos elevados do dever, do amor, do perdão e da caridade que dele se irradiarão em todas as direções, modificando a paisagem de dor e luta onde se encontra e convidando-o a servir e a progredir moralmente.

O espiritista é o conhecedor da verdade, pois sabe, por experiência intelectual, emocional e prática, que a vida continua, abrindo-se feliz depois do túmulo, impondo-se ao ser que transpõe indestrutível, a porta da morte, com valor e dignidade...

Com essa certeza, inicia, em seu próprio eu, um

trabalho de pacificação íntima, um esforço de fraternidade, um compromisso com a vida, ajustando em sua vida uma conduta pessoal rígida, que é uma repetição do comportamento cristão primitivo que tem aplicação em todas as épocas da História.

A doçura do amor suaviza a desolação e a brutalidade de muitas experiências que lhe cabe sofrer, não lhe permitindo diminuir a confiança nem a coragem pelo prosseguimento dos esforços de renovação e de paz.

Passa a ver os maus acontecimentos de forma diferente: quer dizer, superior, compreendendo a finalidade de cada sofrimento para sua melhoria íntima.

Não se permite uma submissão estática, inútil, fatalista, senão uma tomada de posição dinâmica, porém sem formas de rebeldia.

O amor impulsiona à grandeza moral e domina as tendências ancestrais do primitivismo, desconcertantes e prejudiciais, que encarceram na selvageria...

Meta e meio para a conquista dos títulos da sabedoria e libertação, o amor abre as portas ao homem para sua plenitude espiritual.

Por isso, diante das conquistas tecnológicas modernas, o espiritista se converte no elo de amor entre a inteligência alucinada e os sentimentos controvertidos, exemplificando, em todas as situações, com nobreza de alma, mediante a aplicação de seus dons intelectomorais – síntese do verdadeiro progresso –, que representam a mais preciosa conquista para fazê-lo realmente feliz, construindo, ao seu redor, e em si mesmo, o templo da paz e do bem, com esse amor que manifesta o pensamento de Deus no Universo, vivificando-o inteiramente.

MIGUEL VIVES Y VIVES

19

Caridade: luz do amor

É IRREMOVÍVEL, NO CONTEXTO DOUTRINÁRIO DO Espiritismo, o ensinamento e a vivência da Caridade.

Caracterizando o progresso espiritual do homem, a Caridade se revela como uma de suas conquistas mais nobres.

Porém, para que possa ser praticada com toda a sua elevação, é imprescindível que o homem compreenda a alta significação de sua finalidade, que supera o simples ato de oferecer alguma coisa, para expressar-se como socorro imediato e educação posterior.

O Espiritismo se propõe erradicar a miséria em seu berço, remontando-se às causas dos problemas para solucioná-los ali, impedindo que se manifestem nos efeitos que afligem a criatura humana.

É uma doutrina forte e limpa, que estabelece seus conceitos nas bases da religião*, quer dizer: "Deus, a alma, as penas e as recompensas futuras"; entretanto, não se detém nos ensinamentos teóricos, mas sim, caminha em direção às provas de tais afirmações, e isso

---

* *O Livro dos Espíritos,* de Allan Kardec, Conclusão, item V. – *Nota da Autora Espiritual.*

sucede mediante a experimentação que utiliza os métodos científicos para constatá-las.

A vida é de origem divina e os acontecimentos são gerados de efeitos que se podem corrigir, quando são negativos, mediante novas ações que a educação, através do conhecimento, consegue produzir.

Por isto, o Espiritismo impõe uma revolução, das mais difíceis, que é aquela de natureza moral, para dar lugar a uma mudança social profunda e definitiva em benefício da Humanidade, livrando-a da miséria e do egoísmo, essas terríveis chagas que permanecem no homem, contaminando-o e desequilibrando o organismo coletivo.

Esta revolução é lenta, pela prolongada presença do erro e da prepotência daqueles que se consideram fortes porque dominam, e dos interesses de grupos econômicos que prevalecem como abutres, de apetite inesgotável, devorando o quase cadáver da sociedade.

Os fenômenos mediúnicos propiciam o despertar intelectual da realidade do ser no mais além; no entanto, a filosofia espírita, por meio do raciocínio, faculta uma solução lógica para todos os problemas e enigmas que perturbam a razão que, sem tais respostas, cai na dúvida, na incerteza e no descrédito.

A caridade é a resposta moral do homem, que crê porque conhece; que ajuda porque é consciente de sua responsabilidade, atuando com discernimento.

É mil vezes superior à esmola, porque eleva a quem a oferece e dignifica a quem a recebe.

Se socorres agora, procura meios para solucionar o problema em suas raízes, em lugar de manter o necessitado em tal penúria.

Desperta o que padece ante seus compromissos maiores que lhe propicia a vida, ensinando-lhe a encontrar os recursos para sua própria iluminação, e, em consequência, para sua libertação do problema.

A caridade é nobre em todos os seus aspectos: material, moral e espiritual.

O pão e a água, o dinheiro, o traje e o medicamento de ação mais imediata para poder diminuir o sofrimento, sempre deveriam ir acompanhados da palavra amiga e esclarecedora, da presença moral que insufla ânimo, da compreensão que levanta da queda e impede novos dissabores e logo assiste mais prolongadamente, para possibilitar o equilíbrio nos futuros desafios da existência.

A caridade não é um olhar rápido e ação ligeira diante dos aflitos. É sensível e envolve emocionalmente, participando das lutas com a eficiência que alcança a meta de seu destino.

É verdade que não toma o problema como seu, porque sua intervenção dessa forma perturbaria a ordem das leis; não obstante, é solidária em toda situação, porque sabe identificar nessa oportunidade o campo de trabalho fecundo para quem a pratica.

Sua ação não é de soberbia, nem chama a atenção para que a vejam; mantém discrição e perseverança.

Não espera recompensa, porque sente prazer em sua realização.

Jamais humilha, pois sempre é fraterna e jovial, como dizendo que este dever não tem caráter de favor, senão de afeto fraterno.

Quando chega, propicia a esperança e quando parte, deixa a alegria.

Inspira confiança e infunde coragem.

O apóstolo Paulo dizia que a caridade é a maior virtude, a mais importante, e Allan Kardec, o preclaro Codificador do Espiritismo, superando a presunção clerical que afirmava: "Fora da Igreja não há salvação", propôs, sim: "Fora da caridade não há salvação", convidando a todos para atuar com amor e liberdade de consciência para encontrar seu próprio eu refletido em seu próximo, o que permite a oportunidade de demonstrar-se, a si mesmo e aos demais, a excelência de suas conquistas morais e espirituais.

É por isso que a caridade pode e deve ser praticada por todos os homens, porque não depende do que possui materialmente, nem da situação social em que vive, nem das circunstâncias favoráveis... Uma só condição exige: que o homem seja consciente de seus deveres na Terra e, por isso mesmo, ame com intensidade, a Deus, a si mesmo e à criatura, sua irmã no caminho evolutivo.

A caridade é a luz acesa pelo amor, rumo à evolução, promulgando que sempre há claridade para quem a espalha, como para todos que a necessitam.

Josefina Arámburu

20

Os estados de consciência

Ao homem foi facultado quatro estados de consciência, por onde transita a mente, que lhe interessa identificar, para poder transferir-se com equilíbrio de um a outro, mantendo seu bem-estar frente a qualquer circunstância.

A mente, isto é, o ser pensante, o Espírito, vale-se do cérebro para exteriorizar suas ideias e, muitas vezes, captar, entender, aquelas outras que lhe são transmitidas.

A mente consciente da personalidade, geralmente, se apresenta em estado de sono – ao dormir – e de lucidez – ao estar desperto.

Não obstante, a maioria dos homens, se bem que em estado de lucidez, podem apresentar-se em duas formas distintas: em sonolência, ainda que se encontrem com os olhos abertos, falem e se movam, ou em clareza mental.

Tal sonolência resulta da falta do hábito da meditação superior, por não fixar a mente em ideias nobres, não estudar, não pensar construtivamente, libertando-se da torpe situação a que se entrega, vivendo enfraquecido, em contínuo torpor, sem reação de qualquer natureza.

A clareza mental resulta da educação da vontade, do equilíbrio que se adquire com esforço, alcançando-se uma lucidez lógica, que evita a distração das realidades objetivas e subjetivas que constituem a vida, na qual se move e atua.

Digamos que há dois tipos de homens: os que estão imersos nas sensações e os que vivem das emoções.

Os primeiros se detêm nas manifestações do estômago para baixo. São aqueles que se comprazem em comer, dormir, procriar, gozar e que funcionam por meio do aparato fisiológico e seus automatismos.

Os segundos, sem libertar-se das funções orgânicas por meio das quais vivem no corpo, atuam através da razão, buscam as experiências e as realizações dos ideais que lhes propiciem as emoções do belo, do bem, da paz. Constituem a classe daqueles que vivem especialmente do estômago para cima.

Uns são conduzidos pelas funções físicas, enquanto que os outros, pelas mentais.

São homens fisiológicos e homens psicológicos.

Aqueles que ainda mantêm os atavismos e não progrediram, vivem de e para o instinto, enquanto que os outros dirigem as manifestações instintivas e vivem para o idealismo.

À medida que a consciência do ser vai despertando, é mais lúcida, este pode avançar para os outros dois estados: o paranormal e o místico.

A consciência paranormal ou de transe propicia o intercâmbio com a realidade parafísica em cujo campo de vibrações se processam os múltiplos fenômenos mediúnicos, que exigem a anulação da personalidade: o ser consciente não pensa, não atua, mantendo a percepção ampliada, graças à educação mental que lhe abre horizontes não habituais, nos quais se submerge, facilitando a captação das ideias.

Neste estado, a radiação de suas forças psíquicas, que se exteriorizam pelo perispírito, abre um campo de sintonia com os seres desencarnados que intervêm através de seu comportamento, produzindo os fenômenos mediúnicos.

Por sua vez, também se produz a hiperestesia de seu inconsciente, que lhe permite identificar os acontecimentos fora dos sentidos sensoriais: clarividência, clariaudiência, telepatia, premonição, desdobramento...

Excetuando-se os fenômenos obsessivos, nos quais a criatura humana, por negligência mental ou agressividade, sai de improviso da onda limítrofe de seu estado de lucidez dormido para alcançar o de paranormalidade por bloqueio da razão, caindo sob a dominação alienadora dos demais, os intercâmbios parafísicos se apresentam mediante a educação que faculta as manifestações controladas, dignificantes e positivas.

À medida que a consciência lúcida se concentra, abandona a polivalência de ideias para fixar-se naquela que lhe compraz, saindo do estado habitual e entrando no superior, quando já não raciocina e se faz, espontaneamente, passiva.

Esta passividade permite a captação de ondas por meio das quais se expressam os Espíritos.

Para isso, é necessário esforço e disciplina, que se adquirem por meio do exercício da meditação, elevando a consciência à aquisição de uma estrutura paranormal ou mediúnica.

Posteriormente, prosseguindo os intentos e treinamentos, pode-se alcançar o estado de consciência mística ou superior.

Quando nos referimos à consciência mística, não queremos falar do misticismo em sua expressão vulgar, negativa, que se reflete em superstições ou em fuga emocional na contemplação inútil.

Desejamos, sim, sublinhar a última conquista da consciência acima dos limites cerebrais, naquela que o ser se comunica, se move; naquela que é livre, apesar de sua condição momentânea que lhe ata ao corpo somático.

Indubitavelmente, são poucos aqueles que logram o estado de consciência superior, já que há que viver no mundo, com seus impositivos naturais; e fora do mundo, sem abandoná-lo ou desprezá-lo, não se alienando pela vida física.

Sócrates, Krishna, Buda, Francisco de Assis, Teresa de Ávila, Beethoven, Allan Kardec, Einstein, para citar alguns poucos, apesar da diferenciação de condutas e atividades, viviam o estado superior de consciência mística, movendo-se e atuando em ondas mentais superiores às demais criaturas, resultantes de suas conquistas pessoais em etapas anteriores.

Por isso, se transformaram em condutores do pensamento humano, caracterizando-se por sua abnegação, renúncia aos prazeres pessoais e pela dedicação ao bem de todos.

No entanto, acima deles, se destaca Jesus Cristo, exemplo de elevação moral e espiritual, que soube manter a consciência totalmente livre: vivia com os homens, sem deixá-los ao abandono em nenhum momento e, simultaneamente, estava sintonizado com Deus.

Os variados estados de consciência atestam os

diferentes graus de evolução em que permanecem os indivíduos, impulsionando-os ao interminável progresso ou retendo-os nas cadeias do atraso moral.

Quando se consegue sobrepor a lucidez à preguiça mental, pronto se deseja adquirir a percepção paranormal para logo alcançar o estado superior de consciência mística.

Digamos que o homem evolui do instinto à razão, desta à intuição, daí ao estado angelical e assim, sucessivamente, até alcançar a liberdade do cárcere material através da qual se eleva no processo reencarnacionista.

Esta conquista, sem dúvida, é de natureza íntima, contínua, de degrau em degrau, pela escada evolutiva.

Quem se contenta permanecendo num estado de consciência, deixa de progredir momentaneamente, porém como a evolução é inevitável, esta recomeçará mais tarde. Aquele que se estaciona, volta e recomeça a luta para alcançar metas sempre mais elevadas.

Cada experiência que o homem realiza, lhe serve de base para novas aquisições que o impulsionam a vencer-se, superando todos os impedimentos reais e aparentes do caminho de sua evolução.

Essa insatisfação em forma de contínua busca é a que constrói a base de sua futura felicidade.

Cada novo dia, cada instante de sua vida, constituem oportunidades para o despertar, evolução e plenitude da consciência, etapa a etapa, até a perfeita união entre ela e a mente imortal, que é o Espírito liberto e, portanto, identificado com o pensamento cósmico.

Luis di Cristóforo Postiglioni

21
Condicionamentos viciosos

Uma das mais chocantes descobertas que realiza o recém-desencarnado é a constatação de que a vida prossegue sem grandes alterações.

Passados os primeiros momentos depois do fenômeno da morte biológica, à medida que a consciência vai despertando, o Espírito se defronta com surpresas contínuas que lhe podem produzir um grande sofrimento, ou acentuá-lo, quando ele já o traz do corpo físico.

As enfermidades prolongadas deixam impressões no perispírito que, pouco a pouco, vão diminuindo até desaparecer, como ocorre nos processos cirúrgicos de muita gravidade. Excepcionalmente, nas doenças expiatórias levadas com resignação e vividas com equilíbrio emocional, a morte rompe os laços físicos e logo o ser se restabelece. Nas demais circunstâncias necessita-se, às vezes, de muito tempo para a libertação total das impressões mórbidas.

O mesmo sucede com outros fenômenos fisiológicos que não desaparecem diante da desencarnação: a fome, a sede, o cansaço; as dores permanecem como se ainda o ser se encontrasse no envoltório material...

Nos suicidas, por automatismos e pelas altas cargas de fluido vital da matéria, que foram bruscamente cortadas, ditos processos prosseguem unidos a outros, que os reduzem a estados deploráveis de miserabilidade e decadência...

Por sua vez, os hábitos condicionantes, por longo tempo mantidos, continuam afligindo e desesperando os desencarnados, com tal insistência, que os conduzem a estados psicopatológicos em que a alucinação e a agressividade se apresentam com violência cruel.

Não há milagre na morte.

Cada sucesso ou desgraça permanecem marcados no psicossoma que é depositário das impressões que perduram depois da desencarnação.

Por isso, pode-se afirmar: *Tal vida, tal morte,* da mesma forma que, segundo as condições em que se durma, assim se despertará.

Uma existência corporal é oportunidade educativa para o ser espiritual, que a deve utilizar com uma finalidade evolutiva, pois tal é seu destino.

A busca do aperfeiçoamento íntimo é o dever do homem consciente de sua realidade legítima, que é a imortalidade.

Por isso, lhe corresponde lutar contra os atavismos primitivos, herança do processo de crescimento pelo qual tem passado, e despojar-se dos vícios adquiridos ao longo do tempo.

Qualquer dependência que o escravize deve merecer sua mais forte atenção, procurando libertar-se da mesma, com a contribuição de sacrifícios contínuos, mediante os quais adquire novos hábitos que plasmam um comportamento saudável.

Fumo, álcool, jogo, drogas alucinógenas, deixam marcas profundas no perispírito, as quais, para conseguir livrar-se de sua impregnação, exigem o tempo correspondente ao seu uso.

Corpo sutil da alma, a tal ponto é maleável, que nele, todas as impressões encontram ressonância, gerando processos de modificação em sua estrutura, que se refletem além da morte e na imediata reencarnação.

Os vícios mentais, inclusive, produzem conflitos no ser espiritual, depois do período de utilização do corpo.

A preguiça, o ciúme, a inveja, a maledicência, o ódio, a crueldade, a sensualidade, a avareza, a ambição, a perfídia, a traição, e outros semelhantes, respondem a mecanismos de infelicidade interior que obrigam o Espírito a repetir a existência, sob seus efeitos perniciosos.

A educação mental, através da disciplina dos

pensamentos, não permitindo concessões à vulgaridade, é o método eficaz para a edificação de costumes corretos, que facilitam a aquisição de valores éticos e espirituais para a perfeita libertação de quaisquer condicionamentos viciosos.

O homem atual reflete, em sua conduta, os atos anteriores, do mesmo modo que, mais tarde, se apresentará com as realizações hoje alcançadas.

O compromisso, pois, para consigo mesmo, de melhorar para elevar-se, de lutar para conseguir o triunfo, tem regime de urgência e tem-se que iniciá-lo logo, imediatamente, não postergando-o, porquanto, cada fracasso na disposição de realizá-lo, mais fixa o hábito infeliz.

O Espiritismo, destruindo os mitos e aclarando a realidade da vida depois da morte, convida o homem a não parar, nem desanimar em seu contínuo esforço em favor de sua elevação moral e, portanto, espiritual, meta que a todos compete alcançar hoje ou mais tarde, com bênçãos de paz ou lágrimas de amargura no caminho lapidário da humana redenção.

MATILDE R. DE VILLAR

# 22

Responsabilidade moral

Com o tempo, se acentua e vulgariza uma crença negativa entre alguns espiritistas com má formação doutrinária, que é a transferência de responsabilidade em determinados acontecimentos, dando a culpa aos Espíritos desencarnados.

Reminiscência de um atavismo místico e pernicioso, se generaliza a superstição de que os fracassos da vida, as tragédias e os dissabores são produzidos pelos Espíritos obsessores, os zombeteiros e os brincalhões que atuam desordenadamente, fazendo das criaturas humanas, verdadeiras marionetes em suas mãos.

Não há dúvida de que os Espíritos intervêm em nossas existências, mas não só os maus e ímpios, como também os bons e justos, os educadores e benfeitores.

No entanto, como a violência não pertence à Divindade, o livre-arbítrio do homem é sempre respeitado, podendo escolher moral e psiquicamente as companhias espirituais que lhe comprazem por meio de sua própria conduta.

As leis de sintonia – semelhante com semelhante – estabelecem os vínculos automáticos de quem, encarnado ou não, se identifica, atraindo-se ou repelindo-se, em razão das afinidades fluídicas.

É certo que os inúmeros desencarnados, por inferioridade moral ou loucura, intentam, por todos os meios, prejudicar aqueles de quem se converteram em inimigos, como pode ocorrer com os homens, mesmo. Para isso, para que consigam seu infeliz intento, necessitam encontrar respaldo vibratório em suas vítimas, pois, do contrário, nada conseguem.

A responsabilidade moral é uma das características evolutivas do ser, já que responde pelos direitos e deveres que o homem possui livremente, quer dizer, a consciência de reconhecer-se autor de seus atos e sofrer suas inevitáveis consequências.

Assim, o homem tem responsabilidades externas – social e civil, jurídica ou legal – e internas ou morais.

As externas dizem respeito às opiniões do grupo social onde se vive e respondem pelos atos diante dos magistrados e tribunais que representam o poder judicial do Estado.

As internas se referem à conduta, tanto diante de Deus, o Autor de todas as coisas, como ante a própria consciência, que O representa e onde estão escritas Suas leis, abarcando os atos externos e morais.

A responsabilidade moral se assenta em duas

condições essenciais, que são: conhecimento e liberdade.

Do conhecimento – grau de instrução moral, cultura e formação – o ser dispõe da liberdade de atuar, isto é, determinar-se pela faculdade de trabalhar ou não, sem coação de nenhum tipo.

Como consequência de tal responsabilidade moral, o homem colhe os méritos e deméritos que lhe oferecem a ascensão ou queda em seu processo de crescimento espiritual.

Se tem feito sofrer e não se libera da dívida, permanece receptivo ao resgate que a vida lhe imporá e, nesse momento, seus credores espirituais podem perturbar-lhe o comportamento, conduzindo-o, inclusive, a estados obsessivos.

Porém, a Divindade não necessita de justiceiros, que tomem as leis em suas mãos para que estas se cumpram.

Há mecanismos de regularização que sempre alcançam os devedores por meio do amor ou da dor, não precisando da ingerência pessoal de ninguém que, ao fazê-lo, cai, por sua vez, no mesmo erro que pretende cobrar de seu adversário.

Não é justo, portanto, transferir aos Espíritos a responsabilidade moral dos fracassos, culpando-os pela má sorte, pelos acidentes e mal-estares.

Há um intercâmbio inevitável entre as mentes e, ao homem, cumpre desenvolver seus valores latentes, ascendendo a planos superiores, habituando-se à reflexão, ao estudo e aos atos beneméritos e de solidariedade, por meio dos quais supera suas dívidas anteriormente adquiridas, ficando, ao mesmo tempo, fora do alcance dos males alheios e das armadilhas que lhe estendam os adversários espirituais.

Assim mesmo, quando se sucumbe sob uma ação destrutiva, projetada e conseguida por Espíritos maus, não se deve culpá-los, senão, a si mesmo, já que se é responsável por haver oferecido receptividade a suas ideias perturbadoras, que deveriam ser rechaçadas com as forças morais, antídoto natural contra todas as influências perniciosas.

O Espiritismo é a Doutrina que impulsiona seus adeptos ao aperfeiçoamento moral para evitar que estes deixem, pelo caminho percorrido, pegadas negativas de sua caminhada, pois, conscientes de todas suas responsabilidades, especialmente daquelas de natureza moral, que se ampliam em razão de suas contínuas conquistas rumo à libertação total dos atavismos inferiores, dos instintos primitivos, lhes permite a conquista da intuição, que é o passo imediatamente superior da razão, para alcançar a sabedoria: a culminância do amor e do conhecimento.

Amalia Domingo Soler

23

Alienação obsessiva

U M DOS MAIORES PERIGOS DO EXERCÍCIO indevido da mediunidade, é a obsessão, que é o predomínio ou coação produzido por um Espírito sobre a vontade do homem. No entanto, o mais eficaz antídoto a essa enfermidade é o conhecimento do Espiritismo, que propicia as terapêuticas preventivas e curadoras.

Por isso, a obsessão é um mal que ganha campo na atualidade, atacando, não somente a quem possui faculdades mediúnicas e as exercita, mas um maior número de pessoas de que se supõe.

Este é um dos capítulos da saúde mental que necessita ser cuidadosamente estudado, tanto pelos especialistas em ciências psíquicas como pelo Espiritismo, já que se trata de um campo ainda pouco conhecido.

Periodicamente, a Humanidade sofre de obsessões coletivas, quando legiões de Espírito infelizes se imiscuem no comportamento das criaturas humanas, como ocorreu, em tempos passados, com as invasões bárbaras, que destroçavam tudo quanto encontravam em seu caminho.

Vive-se, agora, na Terra, um desses ciclos, que se

caracteriza pelas alucinações de todos os matizes, que estimulam a violência, as drogas, o abuso do sexo, as paixões mais primárias...

A queda e, desconcerto dos valores éticos e o materialismo imediatista são fatores que favorecem o desenvolvimento dessa cruel epidemia que está entorpecendo e destruindo milhões de vidas.

De fácil contágio, o *psiquismo* mórbido emana um fluido deletério que impregna aqueles que se acercam, estimulando, neles, as manifestações inferiores ainda não superadas, que facultam o intercâmbio com as mentes perturbadas e viciadas.

Sutilmente se infiltra como se fosse algo da própria personalidade, alojando-se nas paisagens mentais como *necessidade* ou compulsão, modificando o tipo natural de polivalência das ideias, que vai desaparecendo para expressar-se num tipo de monoideísmo tão atormentador como destruidor.

A vontade do enfermo cede sob a força que lhe invade o pensamento, passando esta a dirigir suas ações, pouco a pouco, até conseguir o controle total.

Algumas vezes, o choque destrói o equilíbrio emocional, provocando prolongados processos subjugadores de difícil erradicação.

A obsessão resulta de dívidas não resgatadas por aqueles que sofrem seu domínio.

Portanto, diante de um obsesso, estamos frente a um trânsfuga do dever, não alcançado pelas leis, e que, agora, se encontra em lamentável mecanismo de reparação.

Quando o devedor cometeu crimes muito graves, ao reencarnar, se obsedia a si próprio, caindo em estados de psicoses profundas ou de esquizofrenias, sem que, necessariamente, sofra a perseguição de suas vítimas, o que se pode suceder ao longo do tempo, complicando-lhe mais o quadro da alienação.

Em outros casos, resulta de vinganças bem urdidas, através das quais, os infelizes credores se esquecem das leis do amor universal, que se encarregam de corrigir os infratores, sem a necessidade de que surjam outros que se transformarão, por sua vez, em devedores também.

O ódio, como o amor selvagem, são alguns dos propiciadores dos dramas das obsessões.

A eles se somam os ciúmes, as invejas e as maquinações do mal, que encontram sintonia nas mentes distraídas, ociosas e perversas, estabelecendo uma comunhão resultante da identificação dos interesses que unem os Espíritos aos homens semelhantes a eles...

Para que suceda o fenômeno da obsessão, é necessário que a vítima possua *matrizes* psíquicas que permitam o acoplamento, a conexão, por cujo intermédio o obsessor transmite a ideia nefasta.

O temperamento da vítima, em razão da *consciência de culpa* que traz das encarnações anteriores, contribui ao mecanismo alienador, seja por predisposição depressiva ou exaltada, ou por excessiva sensibilidade ou tendência até a perversidade, devido ao qual, aceita, facilmente, as inspirações negativas que lhe são dirigidas.

Instalada a obsessão, o problema se agrava com o tempo, até chegar a ser insuportável, no lar, a presença do enfermo espiritual.

Também há que se considerar que a obsessão pode ser uma prova para a família do paciente, pois sempre se vinculam os membros do grupo consanguíneo por questões anteriores que lhes impõem os mesmos gozos e sofrimentos.

Isto exige de todos uma ampla contribuição de paciência e bondade, ajudando o alienado na recuperação de sua saúde.

Possivelmente, passado esse período mais rude da enfermidade, pode-se atender às faculdades mediúnicas, em provável desenvolvimento espontâneo, resultando um trabalho muito edificante para o próprio ex-obsesso, seus familiares e demais.

A cura das obsessões é um problema muito delicado e complexo.

Porém, nem todas elas poderão ser curadas, o

que se deve ter em mente, trabalhando, sim, para atenuá-las.

É necessário, em qualquer caso, o doutrinamento do perseguidor – que é, igualmente, um enfermo da alma – e de sua vítima, para que mudem de conduta, predispondo-se, ambos, à conciliação de suas diferenças, por meio do amor, do perdão recíproco e da caridade.

A autoridade moral do doutrinador é de suma importância, pois é a única que os Espíritos obsessores respeitam.

Jesus é o grande exemplo.

Quando se acercava dos obsidiados, os inimigos espirituais deles logo O identificavam, exclamando: "Que queres de nós, Jesus de Nazaré?" Ao que Ele dizia: "Que saiais dele, eu vos ordeno."

Não foram poucos aqueles que recuperaram a saúde mental, libertando-se de seus perseguidores desencarnados, graças ao Mestre Jesus, que os expulsava com sua elevação moral e nobreza de amor, a ponto de ser conhecido como o *Senhor dos Espíritos*.

Também se faz indispensável conhecer as técnicas dos obsessores para opor-lhes os antídotos convenientes.

A oração ungida de sinceridade, em razão das vibrações que são dirigidas ao Alto e ao paciente – ou que partem dele quando se entrega a esse estado de elevação espiritual –, afasta o perseguidor e, nesses momentos, recarrega de forças positivas aquele que recebe a influência, atraindo, ao mesmo tempo, os Espíritos do Bem, que passam a oferecer assistência aos duelistas sofredores, inspirando-lhes a paz.

Assim mesmo, a transmissão de passes por pessoa moralmente adequada para isso, ajuda a restabelecer o equilíbrio emocional em quem recebe os fluidos curadores.

De bom alvitre, é a utilização de água magnetizada, de fácil preparação e que resulta positivamente, não somente nestes casos específicos de obsessão, como, também, geralmente, nas doenças.

O mais importante, entretanto, é a modificação moral do obsesso, que deve decidir-se em adotar uma conduta que constitua sua credencial para a libertação por parte do adversário, que passará a confiar nele e esperar sua ajuda renovadora.

O conhecimento das obsessões facilita a compreensão de muitos casos de loucura, que se complicam em razão dos fatores orgânicos e psíquicos piorados com as influências espirituais...

Não se quer dizer com isso, que todo caso de loucura seja de ordem obsessiva, nem tampouco, que toda obsessão, por suposto, seja loucura.

A linha divisória entre uma e outra é muito sutil e oscilante.

Seria conveniente que, nos problemas de ordem psicológica, psiquiátrica e obsessiva, se pudessem aplicar as duas terapias: a acadêmica e a espiritista.

Quando o amor se apresenta no coração do homem e a sã moral dirige sua conduta, o conhecimento lhe abrirá as portas do legítimo bem, fazendo com que a obsessão, como outras torpezas que entristecem a vida, desapareçam por definitivo da Terra, permitindo que a saúde e a paz coroem aqueles que se lhe estabelecem e lutam em favor de um mundo melhor.

Rufino Juanco

24

A fé religiosa

Discute-se muito a respeito da validade da fé religiosa para o homem moderno, que se afirma liberto das antigas imposições doutrinárias pertencentes aos credos de então.

Acostumados aos compromissos sociais pelos quais as religiões diziam oferecer salvação mediante cultos externos, não assimilam o conceito de fé, senão através do formalismo e de seus condicionamentos.

Porque as religiões têm constituído uma força política e social, quando não econômica, de grupos dominantes, muitas vezes arbitrários, o conteúdo emocional de seus ensinamentos tem perdido o sentido profundo para dar lugar ao predomínio dos interesses de seus religiosos.

No curso da História, encontramos os sacerdotes de todos os credos ao lado do poder temporal, disputando honras falsas e situações cômodas, interferindo nos ditames governamentais, apoiando a guerra e outros crimes, enquanto ensinam submissão e humildade aos povos para, assim, dominá-los melhor.

Criando cultos e dogmas para impressionar os

mais tímidos e mais ignorantes, estabeleceram fórmulas para libertar as criaturas dos erros praticados, mediante pagamento ou rituais que nada têm a ver com a realidade da alma, normalmente realizados sem nenhuma emoção ou espírito de identificação com Deus.

Batizados, casamentos, missas, exéquias, confissões, confirmações, bênçãos e maldições de natureza sempre humana e com o aparato correspondente à posição sócio-econômica dos crentes, desviaram o fiel da fé em si mesma para as manifestações externas do culto, isento de sentido espiritual.

Lentamente, tais religiões se transformaram em organizações frias onde o espírito do bem e do amor está presente nas palavras e distante nos atos.

É certo que uma mente que raciocina não pode aceitar estes impositivos em nome de Deus e em favor da alma.

Proliferam os preconceitos de raças, de crenças, de castas, dividindo os homens, e nele está sempre presente o apoio formal e real dos representantes religiosos de todas as denominações, justificando a separação, porque, entre eles mesmos, as vaidades estabeleceram hierarquias lamentáveis no uso de desvalorizadas graduações e diferenças medievais, que ainda mantêm, para não perder as posições mundanas.

Em seu foro interno e por seus exemplos de

conduta, estes sacerdotes são incrédulos, materialistas, apegados às coisas do mundo e sem o espírito de sacrifício nem de abnegação, de caridade, nem de amor...

É verdade que surgem, de vez em quando, apóstolos e heróis do bem em todas elas, porém, também se apresentam muitos outros fora de seus limites, em razão da elevação e nobreza pessoal de cada um.

A religião deve possuir um conteúdo espiritual que liberte o homem de suas paixões, ao invés de estimulá-las; que ajude o esforço das transformações morais, antes que prejudicá-las; que seja um ensinamento filosófico que contribua ao progresso moral e espiritual, impulsionando a vivência do amor e do bem, demonstrados na vida cotidiana daqueles que pertencem à grei.

Quando escasseiam os exemplos de conduta, as propostas teóricas perdem força e vigência.

Diante dos resultados falidos dos religiosos e crentes, a fé deixou de ocupar um lugar no coração e na mente das criaturas, que passaram a considerá-la como desnecessária.

Por isso se diz que a fé religiosa é muito boa para as crianças e os anciãos.

Para os pequeninos, porque os atemoriza com relação a Deus e os ajuda em sua educação; para os velhos, porque já não tendo mais nada que fazer, podem dedicar-se à meditação, aos cultos, para arrepender-se de seus erros e, quiçá, ganhar o reino dos céus, se tal existe...

Esta é uma postura filosófica irônica e inoportuna.

A fé espiritual tem por base o fato da imortalidade da alma, que lhe sustenta o conteúdo de religiosidade.

Ela resulta da compreensão intelectual da lei de amor no Universo e no homem, de seu destino depois da morte e de como viver identificado com estes princípios de natureza moral que ressurgem das lições de Jesus, em cuja doutrina pura se sustém a mais notável ética do conhecimento humano.

Deus não existe para ser temido, mas para ser amado, quando se compreende a Criação e o fatalismo do progresso individual e universal presente nela.

Esta fé que não é imposta e que se consegue através do estudo, da razão e da meditação, dignifica o homem e o impulsiona a crescer, preenchendo-lhe o intelecto de luzes e do sentimento de amor, graças a cujos valores dá sentido à sua existência terrena.

Na infância, a fé religiosa educa, predispõe ao desenvolvimento moral e impulsiona a uma relação fraterna, estruturando nela o respeito aos direitos alheios por meio dos deveres corretamente cumpridos.

Na idade adulta, orienta e consola diante das vicissitudes e dissabores, sustentando a coragem e o valor moral quando estes são necessários.

A confiança que resulta do conhecimento da vida futura faculta dignidade à vida, orientando o curso do destino e suas complexas situações.

O homem necessita da fé espiritual para viver com nobreza e não decair diante de situação alguma, por mais terrível que se lhe apresente.

Se necessitava de uma doutrina que reunisse as condições próprias para ele; que não se envolvesse nas questões fúteis do mundo; que se estruturasse em realidades demonstráveis; que possuísse um conteúdo filosófico de fácil assimilação, claro e otimista; que enfrentasse a razão em qualquer momento, sem desfalecimento; que se mantivesse à margem de jogos de interesses materiais; que consolasse sem mecanismos de evasão da realidade ou promessas vãs, transferindo as penas de uma a outra posição; que convidasse o homem ao trabalho de sua moralização, única forma de adquirir paz...

Tal é o ensinamento espírita!

Chegou no momento em que a Ciência dispunha de meios para averiguar suas informações; quando o pensamento filosófico estava saturado pelo materialismo e as criaturas se apresentavam sem rumo, confirmando a promessa de Jesus a respeito do Consolador e conseguindo a aliança da mesma Ciência com a Religião, conduzindo-as ao ponto ideal de entendimento: uma como auxiliar da outra, e cada qual com sua finalidade específica em favor do progresso e do bem da Humanidade.

Era igualmente necessário que houvesse maturidade intelectual, social e moral na Terra, para que sua contribuição encontrasse aceitação e pudesse ser posta em prática, substituindo os antigos modelos de orientação e fé, mediante sua força de argumentação e sua fácil demonstração experimental.

As religiões, apesar de padecer a má conduta dos homens, que lhes entorpeceram sua finalidade, cumpriram seu papel histórico, bem ou mal de acordo com cada época; porém, agora, ou se renovam ou se atualizam diante das conquistas tecnológicas e científicas ou desaparecerão da Terra, ficando, somente, suas cerimônias aparatosas, consoantes com as diferentes classes sociais e os caprichos de indivíduos e grupos, portanto, sem condições espirituais para conduzir as pessoas a seu eterno final.

A fé espiritual, raciocinada, enriquece o homem de religiosidade íntima, transformando-se em uma ponte entre as criaturas e o Criador, que se identificam, se compreendem e se amam com extremo sentimento de união.

Padre Germán

25

O amor floresce

ONDE ESTÁ PLANTADO, O AMOR FLORESCE.

Por mais árida que seja a terra do coração que receba as sementes do amor, ele ali germina, cresce e floresce.

Não há impedimento para o amor.

Ele propicia alegria nas horas felizes ou nos momentos amargos.

Sua presença modifica a paisagem, colocando sol e calor ali onde surge, ao mesmo tempo em que atrai à vida tudo o que fecunda.

O amor necessita de condições para desenvolver-se, no entanto, é a força que nada impede sua manifestação nem a realização de seu mister superior.

Ninguém resiste ao seu poder.

Insinua-se, discretamente, sem impor-se; conquista sem molestar e arrasta, com doçura, renovando quem ama e àquele que é amado, construindo uma forma superior de relação entre os seres.

Para manifestar-se, não depende da fortuna, nem da beleza, nem do poder. A todos se apresenta igual, pois é portador dos bens inalienáveis do Espírito: confiança, indulgência, fé e paz.

Quando chega, nada pede; se é expulso, tudo deixa.

Se é procurado, facilmente cresce, abre-se em flores e frutifica em harmonia.

Se é abandonado, projeta claridade como lâmpada acesa que derrama luz na noite escura.

Por mais arbitrária que seja a pessoa ou por pior que se apresente, ela não vive sem o amor. Talvez se mascare de indiferença ou se embruteça com a violência; no entanto, em seu íntimo, ama mais profundamente e se alimenta da força do amor a algo ou a alguém.

A vida, assim, adquire sentido, só quando se enriquece com o amor; e o homem somente alcança sua maioridade no momento em que passa a amar e o sentimento se transforma na razão de sua existência.

Quando escasseia no coração, este adoece, e se quando se lhe apresenta, estando enfermo, então, vem a cura.

Se as circunstâncias são más, o amor as transforma e se são boas, as abençoa.

O amor é carismático. Onde aparece, atrai e conquista.

Há quem o quer pelas aparências, como aqueles que valorizam um livro pela sua capa.

Sua força, entretanto, é interna, por tudo o que consegue fazer e transformar.

Qualquer situação, por pior que seja, se modifica quando o amor passa a conduzi-la.

Comumente, aqueles que se dizem carentes de amor são os que não amam; assim como quantos buscam o amor na distância não o encontram, pois o têm no lugar de onde saíram...

O amor não tem trajes especiais para luzir e chamar a atenção.

É necessário conhecê-lo e deixar-se penetrar por sua força edificante.

É conveniente não confundi-lo com desejo, paixão, sensualidade.

Estas são manifestações de sua forma primitiva, herança ainda animal, quando brutalmente escraviza.

Nunca se perde um legítimo amor, conforme muitos afirmam.

Se o amor se afasta, quiçá haja sido abandonado pelo ser querido ou não era amor verdadeiro.

Quando se ama, se é forte e bom. A crueldade resulta de sua falta na vida.

O amor sugere que se abram os braços à vida, pois quando se encerram em torno de si mesmo, se descobre que não se possuía nada.

Ele multiplica a vida e os afetos, jamais diminui ou divide os seres.

Pode-se, portanto, afirmar, que o amor é o alimento mais importante da vida, sem o qual esta desfalece e morre.

Porque o amor é a presença de Deus no mundo, onde quer que seja semeado, sempre florescerá.

AMALIA DOMINGO SOLER

26

A ética espírita

A Cícero se deve a tradução do adjetivo grego *ethikós* (que se refere ao costume) ao adjetivo latino *moralis*, do qual se derivou o substantivo *moral*, para ter a significação geral de *ética*.

No entanto, chamaremos moral, em seu caráter psicológico, o pertencente ao Espírito, a aquele que se opõe ao físico ou somático. Desse modo, o termo *moral* é sinônimo de *bom*, em franca oposição a *imoral* e a *amoral*.

A moral, portanto, na filosofia, é a regra de conduta que o homem deve seguir para viver em conformidade com sua natureza.

Não se pode exigir, na moral, uma exatidão ou um rigor que proporcionam as ciências físicas e matemáticas, por exemplo, quando se referem ao conhecimento e ao comportamento psicológico.

Pertencendo à filosofia, que se pode definir como "o conhecimento razoável do homem, do mundo, de Deus e de suas relações", possui no homem, o campo de aplicação de suas regras, como a mesma filosofia, na área das ciências psicológicas, intenta investigar e analisar a natureza do homem, de forma racional e consciente. Como consequência, a filosofia institui que o homem é o único ser que tem consciência de si, da finalidade de sua vida na Terra e que se pode mover no mundo visível com determinação razoável e liberdade.

Por meio do *entendimento* e da *vontade,* este ser é diferente dos demais, pois suas faculdades e atributos lhe propiciam a identificação da *verdade* e do *bem*, equivalentes ao *conhecimento* e ao *amor*, que o impulsionam à aquisição da *felicidade* por meio de regras, princípios e normas de deveres, comportamentos e direitos em relação a si mesmo, a seu próximo, à vida e a Deus.

A *ética* pode ser definida como "a arte de viver bem e ser feliz", conforme ensinava Pascal.

Seu propósito essencial é descobrir qual é o fim do homem, assim como quais são os princípios e normas a que este se deve submeter, como indivíduo e como cidadão, para alcançar esse desiderato.

A ética se propõe, portanto, moralizar as ações humanas, utilizando-se de regras que estejam de acordo com sua natureza, com as leis naturais que correspondem à *natureza* de Deus.

Todos os atos humanos, pois, devem seguir normas que tornam o ser pensante livre, porém que não o torne independente daquelas diretrizes estabelecidas, relacionando-se com elas, já diretamente, com o apoio da consciência ou indiretamente, por meio das intenções que o induzem.

A razão necessita distinguir quais são os juízos morais ou princípios primeiros que se lhe impõem para distinguir o bom e o mau, o honesto e o ultrajante, o digno e o imoral, dos quais se origina a *responsabilidade moral,* impondo-se como *consciência moral* com força e necessidade, que conduzem a inteligência e o comportamento.

A lei moral é manifestação da lei eterna (de Deus) que se apresenta no homem, na condição de sua *consciência moral,* que é o lógico, que é a razão quando examina e julga o valor ético de suas ações.

De certo modo, deve-se acrescentar que a *consciência moral* do homem sofre a influência da *consciência coletiva* do grupo social no qual se desenvolve.

Excetuam-se os exemplos dos líderes e construtores do pensamento ético universal, tais como: Sócrates, Cristo, Francisco de Assis, Lutero, Gandhi, que se sobrepuseram aos tempos e às comunidades donde viveram.

A consciência moral pode apresentar-se com caracteres subjetivos (individuais) e objetivos (sociais ou coletivos).

Os primeiros são as noções que estabelecem os

juízos de cujas apreciações resultam as ideias do bem e do mal, do nobre e do indigno, da mentira e da verdade, do justo e injusto, etc.

São considerados princípios universais e indispensáveis, porque se aplicam em todas as coisas e circunstâncias, acatados por todas as pessoas normais, o que lhes dá universalidade, e porque se originam na natureza íntima das coisas.

Elas estão impregnadas no espírito humano, como condições impostas a nossa natureza, jazendo intimamente e aguardando a oportunidade de despertar para atuar.

As astúcias da retórica filosófica, do cinismo, da dialética, os argumentos das paixões ideológicas, dos sofismas, não as podem neutralizar ou destruir.

Estas consciências – individual e coletiva – não somente determinam as coisas, como estabelecem as regras de conduta, prescrevem os deveres em torno do preceito básico: é indispensável praticar o bem e evitar o mal, resultando, de tal observância, recompensas ou castigos, de acordo com a ação praticada.

O aspecto objetivo é efeito do proceder dos demais cidadãos, no qual buscam apoio, e seus pareceres constroem a *consciência coletiva,* que reflete, na sociedade, os princípios universais presentes na *consciência individual.*

Como em quase todos os homens há ideias e sentimentos semelhantes as nossos, eles se sentem impulsionados a praticar determinadas ações que são corretas, compreendendo que outras lhes são vedadas, o que permite a conceituação com respeito à justiça, à honra, à probabilidade de tudo quanto faz a vida digna ou desgraçada.

Este juízo se sobrepõe a todos os outros, em uma opinião geral ou coletiva, examinando o passado e os acontecimentos históricos de forma idêntica, louvando e homenageando o herói, o virtuoso e nobre, ou condenando o indigno, o abominável, naqueles que nos antecederam.

Os conceitos de moral têm origem em duas ordens de acontecimentos: efeito da educação, do meio familiar, social, ambiental e, porque são inatos, surgindo como qualidades ou atributos da mente humana.

Estes conceitos, em suas duas variações, podem ser sintetizados em uma norma absoluta, se consideramos sua origem suprema, que se encontra em Deus.

A essência divina está presente em todas as manifestações da vida, estimulando-a, desenvolvendo-a, e o mal é justamente o contrário, a violação desse código.

Allan Kardec, orientado pelos Espíritos Superiores que vivem a ética divina, compreendeu o problema corretamente e colocou Deus como primeira parte do programa filosófico do Espiritismo, para o estudo e apreciação em sua condição de *Causa primeira*; para estabelecer nas leis morais todo o conjunto de normas e regras que constituem a base essencial para a vida digna.*

Estruturada na Lei de amor ou natural, porque está presente na natureza, e originada em Deus, a ética espírita propõe as diretrizes mais consoantes com o progresso do homem, propiciando seu contínuo desenvolvimento intelectual sob a firme direção da conduta moral.[1]

Resultando a lucidez ética do respeito à vida em sua plenitude espiritual, da qual a física é um período curto, o Espiritismo ensina um comportamento saudável para o ser em relação a si mesmo, a seu próximo e a Deus.

Insuperável em sua proposta de dignificação, esta ética resulta da comprovação da imortalidade da alma, em cujo oceano de vida se encontra o homem, com o corpo fora dele.

Aplicando-a a sua conduta, todos os acontecimentos adquirem lógica, merecendo acatamen-

---

* *O Livro dos Espíritos,* Primeira parte, Capítulo Primeiro.
[1] *O Livro dos Espíritos,* Terceira parte, Capítulo Primeiro.
– *Notas do Autor Espiritual.*

to e respeito, para que sempre se possa avançar em direção ao bem, ao belo e ao superior em todos os sentidos, caminho único para a aquisição do destino espiritual feliz.

Fernández Colavida

27

Aplicação do conhecimento espírita

No SÉCULO PASSADO, DEPOIS DE EXCEDER-SE na condição de religião do Estado e praticar todas as alucinações que o despojavam das características de "revelação divina", o Cristianismo católico, por intermédio de Pio IX, culminou seus erros com a proclamação do dogma da infalibilidade papal.

Por outro lado, o materialismo filosófico chegou ao absurdo de negar a vida espiritual mediante o Positivismo, com Augusto Comte e, mais tarde, com Littré, que utilizara o sofisma: "O cérebro é o agente do pensamento e quando aquele morre, este se acaba."

Igualmente entusiasmados com os abusos culturais, os fisiólogos proclamavam a realidade da máquina orgânica como responsável pela vida do ser pensante, retirando dela a participação do Espírito.

Reinava soberano o conceito materialista da vida, como consequência igualmente do materialismo da religião, que decaiu no conceito dos crentes, cansados de suas arbitrariedades. Porém, não só na Igreja romana, mas também em diversas confissões derivadas do protestantismo.

A verdade espiritual padecia de constrição; estava impedida de mostrar-se, por falta de receptividade, por escassez de campo cultural, saturado, então, pelo exagero negativista e a indiferença religiosa.

A fé morrera nas mentes e o sentimento religioso fora vítima da hecatombe intelectual que o alcançara.

Tinha-se a impressão de que Deus se refugiara em seus domínios do Infinito, enquanto que o homem avançava sem esperança nem consolo, rumo ao nada...

Foi nesse momento grave, quando os túmulos romperam seu silêncio e as vozes dos imortais se fizeram ouvir, convidando ao exame e ao estudo da importância do Espírito, confirmando sua sobrevivência a toda a transformação biológica derivada do fenômeno da morte.

O corpo material foi posto em seu devido lugar, isto é, um envoltório de moléculas que se aglutinam através da ação do ser transcendente que, por sua vez, está constituído de energia, responsável pelo equilíbrio e funcionamento das células e dos órgãos.

Uma visão mais poderosa pode perceber na organização fisiológica viva, uma luminosidade que responde por seu mecanismo biológico e que tem origem no ser espiritual, verdadeiro aglutinador das partículas que o constituem.

Não são os humores, nem os hormônios segregados pelas células e as glândulas que mantêm o soma, mas a energia espiritual que lhes impõe o funcionamento.

É certo que uma desarmonia na máquina interrompe seu funcionamento. No entanto, ainda que isto ocorra, não é um exclusivo resultante do azar, senão um efeito propiciado, por sua vez, pelo agente mantenedor.

O desequilíbrio fisiológico e psicológico do homem pode-se produzir artificialmente, mediante diversos métodos, sem que, com isso, se demonstre a causalidade orgânica como propiciadora da vida.

Os aparelhos de rádio e de televisão danificados não captam as ondas que transportam as imagens sonoras e audiovisuais para os quais são construídos. Isto, no entanto, não destrói a existência da estação que está transmitindo as mensagens e comunicados, gerando boas imagens...

O relógio mais perfeito, sem a carga de energia que lhe imprime movimento para medir o tempo, não funciona, sem que, desta forma, se anule a realidade da sucessão dos minutos...

As investigações materialistas se fixam, por ora, nos fenômenos da transição e da morte, não conseguindo ir mais além das manifestações químicas perecedouras, que logo se transformam, conduzindo os estudiosos a conclusões apressadas e, portanto, utópicas e falsas.

O conceito acadêmico do nihilismo agora está em decadência diante das avançadas conquistas no campo da astrofísica, da física nuclear, da biônica e das ciências psicobiofísicas.

O Espírito já pode ser concebido como uma realidade semelhante à gravitação e à eletricidade, com seu campo específico de energia que constitui a individualidade eterna.

A captação do *neutrino* no laboratório conduziu o pensamento científico a um passo mais avançado na identificação das partículas que não possuem "campo magnético, nem elétrico, nem carga", porém, que têm existência real.

A ciência espírita é o Consolador que prometeu Jesus, em sua tarefa de dignificar o homem e restabelecer, na Terra, a justiça, o amor e os direitos iguais para todos os indivíduos.

Compete aos adeptos desta Doutrina transformar seus lares em escolas de ensinamentos e vivência de seus postulados, a fim de evitar novos desastres emocionais e sociais, preparando, já, a infância e a juventude para a construção do futuro.

Não basta saber, é necessário praticar o que se sabe, especialmente com relação ao bem.

Não é suficiente conhecer, é indispensável viver o conhecimento, ensinando, com o exemplo, as normas da conduta correta.

Neste momento, é imperioso restabelecer o pensamento cristão em sua pureza primitiva, demonstrar a excelência de seu conteúdo ético que emana do Espiritismo, como primeiro passo para unir os homens sob a mesma esperança de paz, que o trabalho de solidariedade alcançará junto à iluminação das consciências diante da Vida.

Ao mesmo tempo, é preciso vigiar, para que as vaidades e o egoísmo, o espírito de seita e de partidarismo, ainda remanescentes na natureza humana não introduzam teorias esdrúxulas e absurdas, personalistas e divisoras, com pretextos de atualização ou ampliação da Doutrina, dando margem a *originalidades* inaceitáveis e à formação de escolas diferentes e, portanto, injustificáveis.

A unidade doutrinária é de suma importância, apesar dos disparates dos homens e suas incompreensões.

O *espírito* do Espiritismo, com todas as características, conforme se encontram na Codificação Kardecista, deve permanecer integral, na condição de pilar granítico sobre o qual se construirá o novo tempo, em favor de uma sociedade equilibrada, que possa ser feliz desde agora na própria Terra.

FERNÁNDEZ COLAVIDA

28

Espiritismo:
caminho da
felicidade

O Espiritismo é o caminho da felicidade.

Sem ele, o conhecimento perde validade porque não tem base filosófica, nem estrutura de natureza científica.

O Espiritismo chegou no momento em que a cultura estava preparada para receber as informações que impulsionam o homem à conquista do infinito: este desenvolvimento tecnológico e cibernético conseguido pela Humanidade.

No entanto, as glórias que representam para a cultura não traduzem o impacto emocional da evolução espiritual.

O progresso intelectual não é o mais importante, mas um passo que faculta o progresso de natureza moral, sem o qual o homem cresce na horizontalidade, sem penetrar na verticalidade do conhecimento divino.

O Espiritismo é a chave que abre a porta da ignorância e facilita o conhecimento da Verdade.

Permitir que esta chama de Amor de Deus crepite em nossa alma, é o anelo mais amplo do sentimento humano.

Agora, quando os homens sofrem e "a Ciência não pode diminuir as lágrimas que saem do coração"; neste momento, em que o homem tem conquistado as alturas e não tem vencido as distâncias que o separam de seus irmãos mais próximos a ele; agora, quando a Ciência investiga o macrocosmos, interpretando os enigmas do Cosmos e descobrindo na molécula e nos genes as causas físicas da vida organizada na Terra, o Espiritismo é a contestação de Deus ao interrogatório das criaturas humanas com sede de Verdade, com fome de Amor e que se aproximam do Evangelho de Luz para marchar com segurança em direção a um mundo melhor de Paz e de Ventura que nos espera.

*

Vocês são os semeadores do amanhã, os trabalhadores do mundo feliz do porvir.

É noite, porém as estrelas da Imortalidade caem dos Céus em direção à Terra, iluminando as consciências, transformando vossas dores em hinos de Amor.

É necessário transformar, também, vossos esforços de agora em oportunidades de iluminação de consciência, libertando-a do mal para que se faça o bem, e permanecendo por toda a Eternidade.

Ontem, participamos do banquete da Era Nova

e, no entanto, adulteramos a Verdade, caindo no desprezo de nós mesmos, perante nossas consciências.

Agora, armados com os instrumentos da Ciência Espírita, com a segurança da Filosofia Espírita e com a palavra espírita, trabalhamos por uma Religião de libertação humana que tenha: como Causa, DEUS; como meio, CRISTO e como caminho, a CARIDADE.

Espíritas, esta é a oportunidade de dizer a JESUS:

Aqui estamos, Senhor: os trabalhadores da última hora, oferecendo nossos esforços para a construção de Teu Reino de Paz, entre os homens da Terra! TU que fostes Mestre de Amor, ajuda-nos a viver o Espiritismo, ensinando à infância e à juventude, com a alma voltada no exemplo que faça delas, e de cada um, o caminhante da Humanidade e do futuro, o libertador do Mundo, quando não mais sombras, nem dores, nem saudades haverá entre os homens, senão PAZ, muita PAZ e AMOR, estabelecendo o começo do Mundo de regeneração, em favor do progresso da Humanidade.

AMALIA DOMINGO SOLER

Sínteses
biográficas

ADOLFO BEZERRA DE MENEZES

Adolfo Bezerra de Menezes nasceu em Riacho do Sangue, Ceará, Brasil, em 29 de agosto de 1831 e desencarnou no Rio de Janeiro, no dia 11 de abril de 1900.

Foi homem ilustre, servindo sua Pátria através de funções relevantes, inclusive na política, revelando-se como verdadeiro Apóstolo mediante o santo exercício da medicina, conquistando, por isso, a reconhecida e carinhosa alcunha de "médico dos pobres."

Pode-se dimensionar a grandeza de sua alma através do seguinte episódio, entre os muitos de que foi nobre protagonista:

"Em certa ocasião, entrou em seu consultório uma pobre mulher com o filho enfermo nos braços. Bezerra auscultou o pequeno, examinou o bem e receitou, dizendo:

— Volte à sua casa, minha filha, e dê à criança estes remédios, de hora em hora. Compre-os na farmácia...

— Comprar? Com quê, doutor? Não tenho nem pão para dar ao meu filho... – disse ela chorando.

Sentindo toda aquela angústia materna, ele respondeu, docemente:

— Não se aflija, minha filha. Vou ajudá-la. Nós estamos no mundo para sofrer com nossos irmãos de suas mesmas dores...

Porém, o médico não tinha uma moeda nos bolsos. Todo seu dinheiro, tão pouco, havia dado a um cliente anterior. Observou ao seu redor. Nada havia que pudesse servir. A pobre mulher chorava. De repente, surgiu uma esperança, verde esperança, brilhando em seu anel de médico. Retirou-o numa atitude de total desprendimento e caridade, dizendo:

— Tome, minha filha, leve isto para sua casa. Poderá comprar leite, remédios e algumas coisas mais para seu filhinho..."

Possuidor de grande inteligência, desde os quinze anos falava fluentemente o latim, que ensinava a seus condiscípulos, ajudando seu professor. Escritor emérito, não somente destacou-se em obras de excelente qualidade, como também na vida pública, como romancista político e filósofo. Sua bibliografia espírita, relevante e consoladora, sensibilizou a opinião pública, por muitos anos, através de uma coluna permanente no jornal O *País*, no Rio de Janeiro, sob o pseudônimo de Max.

Exerceu a Presidência da Federação Espírita Brasileira, aos sessenta e quatro anos de idade (onde também foi Vice), em cuja função desencarnou, deixando inconsoláveis os pobres, os sofredores, aqueles que suas abnegadas mãos confortavam e socorriam.

AMALIA DOMINGO SOLER

No dia 30 de novembro de 1835, em Sevilha, Espanha, reencarnou Amalia Domingo Soler, e desencarnou na madrugada de 29 de abril de 1909, em Barcelona, naquele mesmo país, vítima de uma broncopneumonia, que a prostrou tuberculosa.

Filha de um lar modesto, não obstante, aos cinco anos de idade, já lia corretamente e, aos dez, começava a escrever versos. Tornou-se costureira desde cedo, dedicando-se à poesia, nas horas de folga, publicando seus primeiros poemas aos dezoito anos.

Pertinaz enfermidade dos olhos, fez dela, jovem mensageira, com o qual, ganhava seu sustento.

Amargurada, no estertor da agonia pensou no suicídio como solução para o drama que a dominava.

Num templo evangélico, encontrou-se com Engracia, alma piedosa e boa que a encaminhou a excelente oftalmologista, o Dr. Hyseme, que dela se compadeceu ao constatar que seu mal não tinha cura. Este se enterneceu pela jovem frágil e um dia lhe disse: "Sabes quem poderá dar uma explicação aos teus problemas? Uns 'loucos' que creem que a alma sobrevive à morte do corpo." Aprofundou-se em explicações e leu para ela vários artigos de um periódico chamado "El Critério". Ele, materialista, era as mãos da Divindade levando-a ao Espiritismo...

Amália entusiasmou-se escutando as lições de Espiritismo. Certa manhã, estando em casa, sentiu uma sensação dolorosa na cabeça. Parecia que ela se enchia de neve... Então, gritou: "Luz! Luz! Luz é o que desejam meus olhos d'alma; de luz necessito, meu Deus!..."

Então, chorou copiosamente, sentindo imensa felicidade. Ao acercar-se de um espelho, descobriu que voltava a ver. Recuperada a visão, passou a ler as obras de Allan Kardec. Como não podia comprar os periódicos espíritas, passou a colaborar neles e isto agradou, imensamente, os leitores. No dia 4 de abril de 1874, diante de seleto auditório, leu seu primeiro trabalho: "Las Verdades Espíritas", conseguindo uma ovação demorada. Fiel e apaixonada, dedicou-se ao trabalho de divulgação.

Na Espanha, a intolerância religiosa perseguiu-a e a difamação assomou, nos púlpitos das Igrejas, contra o Espiritismo.

Amália se levantou, defendendo a Doutrina através do periódico *Comércio de Barcelona*. O sacerdote acusador foi rapidamente derrotado.

Deixou livros e escritos notáveis; entre eles se destacam: *Te Perdono* e *Memorias*.

ANTONIO UGARTE

Personalidade definida e serena. Bondoso, tolerante, modesto, "foi um homem bom". Sempre evitou deixar mostras imediatas de suas qualidades intelectuais, mas não de suas qualidades morais, pois estas se manifestava por si em cada uma de suas atuações.

Em 1º de abril de 1880, funda, junto com sua esposa Rosa Basset, a Sociedade "Congregación Fraternal para la práctica de la Caridad", que logo se transformaria em "La Fraternidad", nome com que, até hoje, continua. Funda a revista, com o mesmo nome: sua orientação era para a propaganda do Espiritismo e a exibição dos fenômenos que se produzia.

Muitos de seus escritos que figuravam nas revistas espíritas da época apareciam assinados com pseudônimos, sempre substituídos ou com iniciais.

Não gostava de figurar nos grandes acontecimentos que ocorreram nas etapas de fim de século e princípio deste, apesar de se saber que o organizador, o que impulsionava vontades era ele.

Inimigo da espetaculosidade, dotado da modéstia dos grandes... exemplo para quem queira buscar, na história, modelo de conduta, modelo de ação, modelo de virtudes morais.

Em 1890, lança o projeto de fundação de uma Central Espírita, conforme foi aconselhada pelo Mestre Kardec. Em fins de 1899, retoma essa ideia e consegue formar uma Comissão integrada por Ovidio Ribaudi, Rodrígues Freire, Canter, Cosme Mariño e ele.

Em 14 de junho de 1900, é fundada a CONFEDERACIÓN ESPIRITISTA ARGENTINA, sendo seu presidente, Cosme Mariño e seu 1º Vice-presidente, Antonio Ugarte.

Eleito Presidente em 10 de julho de 1904.

Eleito Presidente em 6 de janeiro de 1907.

Desencarna em 2 de abril de 1918, este OBREIRO DA VERDADE.

Teve uma filha, María Luísa, ativa colaboradora, como sua esposa.

(Dados extraídos da revista *La Idea*, número 313 - junho/1950 e do suplemento livro da *Idea*: Perfil de um arquétipo: Antonio Ugarte, autor César Bogo.)

BRUNO HERMELINDO BRAVO GARCIA

Nasceu em 6 de outubro de 1938, em San Pedro Sacatépeques, San Marcos, Guatemala, C. A. Filho de Genaro Bravo Rabanales e de Maria Garcia de Bravo, excelente pai e esposo.

Realizou estudos em Instituições católicas e evangélicas a pedido dele mesmo, destacando-se em ambas as religiões, com honras. Graduou-se Bacharel em Ciências e Letras; trabalhou por 14 anos como Segundo Oficial do Governo Departamental da Guatemala.

Suas atividades espíritas, ao longo de 15 anos, foram: fundador do Primeiro Grupo Juvenil e Presidente do 1º Congresso Espírita Juvenil, Secretário da Escola "Luz y Caridad" e de Relações Exteriores da "Cadena Heliosóphica Guatemalteca", as quais representou no México, Honduras e em Salvador. Em escritos e exposições públicas, não mostrou discriminação ideológica, porém, sua inclinação foi kardecista. Desencarnou em 4 de fevereiro de 1976, aos 38 anos, em consequência do terremoto que assolou o país com mais de 28.000 vítimas.

Dr. Eduvin Bravo

COSME MARIÑO

Nasceu em La Constância (hoje Pastora), povoado situado a 45 km de Tandil, Prov. de Buenos Aires, Argentina, em 27 de setembro de 1847, filho de Gervacio Mariño e Mercedes Silva y Urrutia.

Foi educado num ambiente católico, quase místico, considerando-se "que havia nascido para o sacerdócio". Seu padrinho espiritual foi o sacerdote Juan Figueroa. Realiza seus estudos na Igreja de San Nicolás, no Colégio San Francisco e logo na Universidad Nacional, estuda advocacia, formando-se procurador e só anos mais tarde, termina seus estudos de advogado. Seus companheiros foram: Carlos Pellegrini e Ignacio Pirovano.

1869: Junto com José C. Paz, funda *La Prensa*, sendo seu 1º Diretor (22 anos). Participa ativamente no *El Inválido Argentino*, órgão periódico da Asociación de Inválidos (criado para os feridos da Guerra com o Paraguai).

1871: Febre amarela em Buenos Aires; por sua participação, recebe diploma de honra, medalha de ouro e a Cruz de Ferro.

1872: Varíola no Chile. O Dr. José Maria Gutierrez, funda o "Comitê de Ajuda ao Chile", no qual é Secretário Cosme Mariño. A Municipalidade de Santiago do Chile e a Comissión de Lazareto lhe outorga medalha de ouro.

Contrai matrimônio com Mercedes Milani, com quem tem sete filhos, dos quais, vivem seis: Cosme Edmundo, Carlos, Maria, Erasto, Eduardo e Georgina.

Em 1874, radica-se em Dolores, onde trabalha como procurador-Juiz de Paz e Inspetor de Obras de Casa de Justiça e Cárceres. É presidente da Comissão do Hospital San Roque.

Ali conhece Rafael Hernández, que o inicia no

Espiritismo, fundando um grupo onde intervém D. Angel Scarnicchia.

1879: Regressa a Buenos Aires e ingressa no estudo jurídico dos Drs. Aristóbulo del Valle e Mariano Demaría. Ingressa na sociedade "Constancia".

1881: Exerce a Vice-presidência de "Constancia."

1882: Exerce a Presidência interna de "Constancia", sendo eleito, posteriormente, em assembleia, mantendo seu cargo até sua desencarnação.

1892: Sua esposa desencarna.

1895: Chefe da Oficina Jurídica do Banco Nación de Préstamos.

1902: Funda o "Círculo de Obreros Liberales", sendo seu Presidente; integravam-no Alfredo e Carlos Palacios.

Em 18 de agosto de 1927, desencarna.

Obras:

1881: *Espiritismo*
1882: *El Espiritismo Ante la Ciencia*
1883: *Catecismo de Moral y Religión*
1895: *Bases Para la Formación de una Asociación y Partido Liberal*
1901: *Lo Ideal en lo Real* (Obra de Teatro)
1902: *El Espiritismo al Alcance de Todos*

1907: *Instantáneas* (Obra não espírita)
1909: *Pruebas Concluyentes de la Existencia del Alma.*
1911: Traduz *Cartas de Julia*, de W. Stead
1913: *Concepto Espírita del Socialismo*
1922: *Las Primeras Golondrinas* (novela)
1924: *El Espiritismo en Argentina* (Obra póstuma publicada em 1932)
Memorias de un Hombre Mediocre – sem editar.

DANIEL SUÁREZ ARTAZÚ

Com referência a Daniel S. Artazú, são muito poucos os dados que se conhecem acerca de sua vida.

Segundo palavras do Visconde Torres Solanot, pertencente à "Sociedad Progreso Espiritista de Zaragoza", publicadas no prólogo de livro psicografado pelo médium Daniel Suárez, intitulado *Marietta y Estrella*, podemos extrair o seguinte:

"A Sociedade antes mencionada estava em exercício no ano de 1868 e seguintes, e a ela pertencia Don Daniel Suárez Artazú, onde, entre outras coisas, atuava como médium psicógrafo.

O sr. Suárez desempenhava um modesto cargo de escrevente na Diputación Provincial de Zaragoza e, mais tarde, mudou-se para um povoado da província, sendo Secretário interino no Ajuntamento.

Não possuía nenhuma carreira científica nem literária; somente tinha os conhecimentos superficiais que se adquirem no segundo grau. Por isso, quem não conhecia o Espiritismo, ficava maravilhado em ver que, repentinamente, houvesse se revelado tão fecundo e brilhante escritor, além do que, suas produções mediúnicas, isto é, ditadas pelos Espíritos ou devidas à inspiração evidentemente estranha, podiam, muito bem, serem assinadas por afamado literato. A maior parte dos elementos ativos da "Sociedad Espiritista Progreso de Zaragoza", em 1871, passaram a residir em Madri, onde continuaram os trabalhos começados em Zaragoza, modernizando-se na "Sociedad Espiritista Española", na qual Daniel Suárez seguiu exercendo como médium e foi Secretário da mesma, sendo, então, Presidente, o Visconde Torres Solanot.

Dentro dos trabalhos que realizava normalmente na "Sociedad Espiritista Progreso de Zaragoza", começou a escrever o que logo seria a obra mediúnica *Marietta y Estrella*, que relata as vicissitudes de dois seres através de suas reencarnações, tesouro de consolos e esperanças e que está inspirado nos princípios fundamentais do Espiritismo. A primeira parte do livro veio à luz em 22 de novembro de 1870, em Zaragoza.

Possivelmente, escreveu alguma obra mais, porém não temos notícias sobre esse particular.

(Dados fornecidos por Don Liborio Calvo, da cidade de Zaragoza, Espanha.)

FRANCISCO INDALECIO MADERO

Nasceu em 30 de outubro de 1873, na Fazenda de "El Rosario", em Parras de la Fuente, Estado de Coahuila, no México.

Seus pais foram Don Francisco Madero Hernández e Mercedes Gonzáles Treviño.

Madero procedia de uma família de boa posição social e econômica.

Teve quatro irmãos: duas mulheres e dois homens, dos quais, Raúl faleceu com pouca idade, em consequência de um acidente.

Iniciou seus estudos na Fazenda de "El Rosario", onde aprendeu a ler e escrever. Prosseguiu sua instrução no Colégio de San Juan, de Saltillo Coahuila, colégio dirigido por Jesuítas.

Aos treze anos, deixou a cidade de Saltillo para ir a Edimburg, Estado de Maryland, no Colégio Mount St. Mary, onde permaneceu por três anos, indo para Paris, em 1889. Nesta cidade, também permaneceu por três anos realizando estudos em Escolas de Comércio.

Durante esse tempo, em 1891, chegou às suas mãos a *Revue Spirite*, órgão da "Sociedade Parisiense de Estudos Psíquicos", fundada por Allan Kardec, revista da qual seu pai era assinante.

Sua mente juvenil e livre de prejulgamentos facilitou o entendimento e a profundidade das ideias espíritas que impregnaram seu ser de novos conceitos, e assim o expressa em suas Memórias: "Com grande interesse li todos os números que encontrei da *Revue Spirite* e logo dirigi-me às oficinas da mesma, que é onde existe a grande livraria espírita. Meu objetivo era comprar as obras de Allan Kardec que havia visto recomendados em sua Revista. Não li livros, mas, sim, devorei-os, pois suas doutrinas tão racionais, tão belas, tão novas, seduziram-me e, desde então, considerei-me espírita."

Durante sua estadia na França, frequentou Centros Espíritas. Conheceu León Denis, traduzindo, depois, deste autor, *Aprés la Mort (Después de la Muerte,* em espanhol).

Madero regressa ao México em 1892, contando com 19 anos de idade, com a mente impregnada de bons propósitos e inquietudes fazendo chegar, da França, novos livros e revistas que lia em francês, com ávido interesse em aprender.

Porém, "dotado de grande consciência – disse seu biógrafo Natividad Rosales –, se dava conta de que sua vida encaminhava-se pela rampa fácil do prazer e, abandonando a vida de dissipação, fez-se vegetariano". E voltou ao Espiritismo, com decisão. Integrou-se a um Grupo de Estudos Psicológicos e, em 1906, foi nomeado Delegado do PRIMEIRO CONGRESSO ESPÍRITA, que ocorreu na capital mexicana, iniciando-se em 31 de março, aniversário da desencarnação de Allan Kardec e no qual foi nomeado Vocal do mesmo.

Durante esse tempo, no ano de 1907, escreveu o livro *Manual Espírita,* dedicado aos jovens de seu tempo e assinado com o pseudônimo de Bhima.

Um dos Espíritos que se manifestaram no início do desenvolvimento de sua faculdade mediúnica escrevente, foi o Espírito de seu irmão Raúl, a quem muito havia amado e por quem sentia especial afinidade. Sua manifestação mediúnica escrevente ocorreu desde o ano de 1901, em um Centro Espírita, quando contava com 28 anos de idade e se encontrava em Paris.

Madero tinha vocação médica. Estudou Homeopatia e Magnetismo, que aplicou, amorosa e gratuitamente, aos enfermos, ao seu povo por quem sentia-se muito ligado, muito humanizado.

O exercício da prática mediúnica e a oração – recomendada pelo Espírito Guia, assim como a luta cotidiana para superar sua moral, fez de Madero um novo personagem revestido de alta dignidade e madureza. A Doutrina Espírita fazia dele um homem reto, fino, com inclinações de bem à humanidade, o que o fazia irradiar bondade e amor à Pátria e decidir-se, em um novo e alto ideal de bem, que mais tarde ele haveria de traduzir em decisão, força e até sacrifício.

Comprenetrado dos problemas sociais e políticos do país, e iluminada sua mente de altos ideais, escreveu o livro *La Sucesión Presidencial,* onde atacava as situações existentes, políticas e sociais, do governo, livro que ameaçava sua vida e a de sua família. O livro é publicado, desde então, arriscando sua vida.

Os distúrbios, depois, as conspirações internas, o plano para provocar a troca de poderes existentes, fez perfilar o único homem de valores íntegros que devia ocupar a Presidência para derrotar Don Porfirio Diaz.

E se cumpriam eleições presidenciais.

A grande simpatia e o apoio do povo mexicano, ao extremo consumido na pobreza, ignorância e escravidão, era unânime, deixando se notar o descontentamento do Governo estabelecido e da elite de personagens que rodeavam o gabinete do general Diaz.

Ao sucederem-se as eleições que se inclinavam ao triunfo de Madero, propiciaram sua Morte. Foi preso, logo julgado, militarmente, para entregar sua vida, em assassinato cruel, junto a José María Pino Suárez, que havia sido eleito Vice-presidente, em 22 de fevereiro de 1913.

AMPARO MORGADO ESTRADA

GERMÁN DEL PRADO (PADRE)

Viveu no século IV, nas cercanias de Paris.

Espírito protetor de Amalia Domingo Soler. O livro "Memorias del Padre Germán" é uma autobiografia de uma encarnação ditada por ele, e recebida pelo médium Endolfo entre os anos de 1880 e 1884.

(Dados extraídos do livro de Florentino Barrera.)

HUMBERTO MARIOTTI

Nasceu Humberto Mariotti em Zárate, província de Buenos Aires, Argentina, em 11 de junho de 1905. Desde sua infância, que transcorreu em contato com a natureza, rodeou-se de um mundo de fantasia, que transcendia a realidade de sua vida cotidiana. Cresceu amando e contemplando o rio Paraná e as aprazíveis barrancas que cercavam os bairros zaratenhos.

Efetuou estudos secundários e veterinária em Buenos Aires, porém sua vocação literária e seus anseios de conhecer e penetrar no mundo metafísico, fizeram-no abandoná-los para dedicar-se, por completo, ao estudo da Doutrina Espírita, que conheceu através da leitura de *O Livro dos Espíritos* de Allan Kardec, emprestado por um amigo da família.

Em 22 de dezembro de 1937, casou-se com uma jovem militante da Juventude Espírita dessa época: Ana Huici. Constituíram um lar, que foi testemunha de múltiplas reuniões espíritas, de onde vieram à luz importantes congressos e encontros nacionais e internacionais. Nesse ambiente, nasceu e cresceu sua filha Hebe Iris que teve, em sua época, ativa militância espírita.

Suas primeiras atividades societárias foram realizadas na "Sociedad Camilo Flammarion" de Buenos Aires, para, depois, na "Sociedad Victor Hugo", também de Buenos Aires, dedicar-se plenamente na difusão do Espiritismo.

Foi, em várias oportunidades, Presidente da "Confederación Espiritista Argentina" e, no ano de 1934, viajou a Barcelona, Espanha, para assistir, junto com Manuel S. Porteiro, ao "Congreso Internacional de Espiritismo", em representação da CEA.

Exerceu o cargo de Diretor das revistas *La Idea* e "Prédica"; fundou junto com Josefina A. de Rínaldini, o "Ateneo Espírita de Artes y Letras", da CEA; foi membro ativo da "Confederación Espírita Panamericana" e do "Congreso Internacional para el Estudio de la Reencarnación."

Sua palavra ardente e conhecedora dos princípios da Doutrina Espírita foi ouvida durante anos em nosso território e em distintos países do continente americano.

No gênero poético, publicou, entre outros:

Canciones Escritas en una Vida Anterior (1957)

Canciones que Vienen del Alba (1969)

Los Asombros Terrestres (1967)

Pájaros del Arco Iris (Prêmio do Fundo Nacional de Artes, 1968)

Tecnología Incesante (1977)

Los Angeles Olvidados (1980)

A profunda convicção que Mariotti possuía sobre a existência de um mundo transcendental está demonstrada em todos estes ensaios realizados sobre a filosofia espírita:

Dialéctica y Metapsíquica (1940)

Dialéctica y Metapsíquica (em Português, 1951)

Parapsicología y Materialismo Histórico (1963)

Los Ideales Espíritas en la Sociedad Moderna (suplemento livro de "La Idea", 1965)

El Hombre y la Sociedad en una Nueva Civilización (em Português, 1967)

El Espíritu, la Ley y la Historia (1968)

Marietta y la Muerte de Dios (suplemento livro de "La Idea". 1970)

Pancho Sierra y el Porvenir de la Medicina (1972)

Significación Existencial del Acto poético (1978)

Victor Hugo, El Poeta del Más Allá (1979)

Foi colaborador dos diários *La Nación* e *La Prensa* de Buenos Aires, e do diário "Córdoba", de Córdoba, entre outros.

Desencarnou em 17 de maio de 1982.

JOSE MARÍA FERNANDEZ COLAVIDA

Pioneiro do Espiritismo espanhol. Nasceu em Tortosa, província de Tarragona, em 19 de março de 1819. Lutou nas guerras carlistas, nome que se deu a três guerras civis que tiveram lugar na Espanha, entre 1833 e 1876, e nas quais distinguiu-se por sua valentia e humanitarismo, alcançando a patente de Coronel. Em consequência de tais conflitos, emigrou para a França, onde estudou e aprendeu, com perfeição, o idioma desse país.

Ao regressar a Barcelona, contrai núpcias com Ana Campos, jovem dotada de surpreendentes faculdades mediúnicas. Conhece a Doutrina Espírita em 1860, lendo em sua versão original francesa, *Le Livre des Esprits* que lhe ofertou o capitão da marinha mercante, Ramón Lagier y Pomares. Previamente, havia conhecido e praticado o magnetismo, guiando-se pelos ensinamentos de Du Potet e outros magnetizadores franceses. A impressão que lhe causou a leitura de *O Livro dos Espíritos*, do Mestre Allan Kardec, peça fundamental do pensamento espírita, foi muito grande e, de imediato, começou sua tradução para o espanhol, a que viria à luz pública em 1861. Assim, então, tem Colavida a honra e o mérito de ser o primeiro tradutor das obras de Kardec em idioma espanhol.

Em 1869, fundou a *Revista de Estudos Psicológicos*, da qual foi seu diretor e redator durante 20 anos. Criou a "Sociedade Barcelonesa propagadora del Espiritismo" e estabeleceu na capital de Cataluña a primeira Livraria Espírita. Assim mesmo, dirigiu o Grupo Espírita "La Paz", onde recebeu, psicograficamente, a bela novela *El Infierno,* também intitulada *La barquera de Júcar,* através do médium "Aquino". Foi designado Presidente de Honra do "Primeiro Congresso Internacional Espírita", celebrado em Barcelona, em setembro de 1888.

Têm sido altamente reconhecidos e valorizados seus estudos e práticas nos campos de hipnotismo e magnetismo. Realizou experimentos com a regressão mental, apresentando uma metodologia rigorosamente científica, de grande utilidade com evidência favorável à reencarnação, antecedendo os conhecidos trabalhos de Albert De Rochas, na França.

Por sua meritória atuação, conhecem-no como o "Kardec" espanhol. Desencarnou em Barcelona, em 11 de dezembro de 1888. Os Espíritas da Espanha e da América, custearam seu mausoléu no Cemitério de Montjuic, colocando ali uma significativa lápide de 1,80 m de altura, por 0,80 m de largura, na qual se lê a seguinte inscrição:

Nascer, morrer, voltar a nascer e progredir sempre tal é a lei
>   ALLAN KARDEC

Nem a existência, nem o trabalho, nem a dor, concluem onde começa um sepulcro.
>   MARIETTA

Aqui jaz
o envoltório corporal
de
um homem honrado
que em sua última encarnação terrena foi
JOSÉ MARIA FERNANDEZ COLAVIDA
1819 - 1888
primeiro tradutor e editor das obras
de Kardec e fundador da *Revista de
Estudios Psicológicos* de Barcelona, e a
cuja memória os Espíritas da Espanha
e América dedicam este testemunho de
apreço e gratidão.

* * *

RUMO A DEUS PELO AMOR E CIÊNCIA
Imortalidade da alma
Comunicação espiritual
Progresso indefinido
Pluralidade de mundos habitados
>   *Pura Argelich M.*

JOSEFINA ARÁMBURU DE RINALDINI

Nasce em 25 de janeiro de 1909, desencarna em 13 de agosto de 1952 aos quarenta e três anos.

Foram seus pais Luis Arámburu e Dolores Villa.

Inicia-se no Espiritismo na Sociedad "Constancia", onde era levada por sua avó, junto com sua irmã María de los Ángeles, sendo muito criança. Posteriormente, ingressa como sócia. Estuda na Faculdade de Filosofia e Letras.

Casa-se com Manio Rinaldini, militante espírita e tem duas filhas.

Em 1940, junto com sua mãe, seu esposo e mais dois sócios, funda o "Círculo de Estudos Filosóficos e Metapsíquicos Psyque".

Cria o "Ateneo de Letras y Artes", do qual Humberto Moriotti é Presidente.

Em 1949, concorre com seu esposo – Vice-presidente da CEA – ao 2º Congresso da CEPA realizado no Rio de Janeiro, falando em nome da mulher espírita argentina.

Em 1950, funda a FEDERACIÓN ARGENTINA DE MUJERES ESPÍRITAS.

Por sua iniciativa imprime-se, na Argentina, a imagem de Jesus.

Em 1961, publica Aforismos *Dios y Tú*, recebidos mediunicamente.

Em junho de 1983, a FADEME edita o livro *El y Tú* que é corolário e complemento do primeiro livro *Dios y Tú*.

Publicado em *Semanario*, Buenos Aires, 31.07.80 – Uma médium argentina entre os mais famosos do mundo – Josefina Arámburu de Rinaldini foi uma dotada que escrevia coisas que não conhecia. Está entre os médiuns mais famosos do mundo, como o polaco Guzik e a italiana Palladino.

JOANNA DE ÂNGELIS

Soror Joana Angélica de Jesús nasceu na cidade de Salvador, Bahia, Brasil, em 11 de dezembro de 1761.

Aos vinte e um anos de idade ingressou no Convento da Lapa, fazendo profissão de fé como Irmã das "Religiosas Reformadas de Nossa Senhora da Conceição".

Por seus incontáveis méritos, alcançou a posição de Abadessa, em 1895.

Por ocasião das lutas pela Independência do Brasil, defendeu estoicamente seu Convento, sendo miseravelmente assassinada no dia 20 de fevereiro de 1822, depois de pronunciar estas palavras que bem definem a grandeza de Espírito decidido, frente ao soldado que a trespassou covardemente com a baioneta: "Esta passagem está defendida por meu peito e não passareis a não ser por sobre o cadáver de uma mulher."

No Mundo Espiritual, sob o pseudônimo de Joanna de Ângelis, trabalha contribuindo para o engrandecimento do espírito humano, de forma relevante, como Mensageira do Senhor na Obra de recristianização da Humanidade.

LUIS DI CRISTÓFORO POSTIGLIONI

Nascido em Buenos Aires, a 29 de novembro de 1909, efetuou seus estudos na cidade de La Plata, de ciências Biológicas e, posteriormente, graduou-se em fisioterapia, profissão a que se dedicou até o fim de sua existência.

De grande atuação na Sociedade "Constancia", de Buenos Aires, ocupou os cargos de Vice-presidente e Secretário de Redação da revista do mesmo nome.

Contraiu matrimônio com Concepción Célico.

Foi fundador da extinta "Agrupación Estudios Camilo Flammarión" e redator do órgão oficial da mesma: *Alifar.*

Ocupou a Secretaria do "Colégio Argentino de Estudios Psíquicos" e da "Sociedade Argentina de Parapsicología".

Secretário Geral da "Confederação Espírita Panamericana" em seu 1º Período: 1946 – 1949 e Delegado da mesma no 2º Congresso celebrado em 1949 no Rio de Janeiro, Ano do Pacto Áureo da "Unificação Espírita Brasileira".

Decano do "Instituto Neo-pitagórico de la Argentina". Secretário Geral e, logo, Presidente da "Confederación Espiritista Argentina", a qual representou nos Congressos Internacionais da I.S.F., em Copenhague (1966) e Glasgow (1969). Presidente da "Federação Espírita Internacional" (I.S.F.) por dois períodos (1972 – 1978), visitou a Inglaterra, nessa qualidade.

Foi Delegado do "1º Congresso Mundial de Biologia e Medicina Mundial" (1964). Como presidente da CEA, visitou Assunção (Paraguai) e representou a mesma em Santiago do Chile na ocasião da "2ª Conferência Regional da CEPA".

Quando desencarnou, era Presidente da Sociedade "Te Perdono" de La Plata e membro fundador do MASDE (Movimento a Serviço do Espiritismo).

Foi propulsor dos Congressos Internacionais para o Estudo da Reencarnação, dois deles celebrados em Buenos Aires e o último em Curitiba (Brasil). Em uma de suas Teses no Congresso Internacional de Glasgow, falou sobre a realidade da Reencarnação.

Desencarnou vítima de um aneurisma, em 1º de março de 1979, em Villa Elisa (Província de Buenos Aires).

Escreveu as seguintes obras:

Raíz y destino de Kardec, Evolución cerebral, La ciencia y el alma, La Reencarnación, em Glasgow e, em colaboração com o Engenheiro José S. Fernández, *Fundamentos cientifico – filosóficos de la Reencarnación.*

(Estes dados foram extraídos da obra inédita *Vocabulário y Glosas Espíritas y Afines,* de Natalio Ceccarini.)

MATILDE RIVERA DE VILLAR

No ano de 1899, na cidade de Cuautla, Morelos, México, contraem matrimônio o senhor Victor Villar, negociante mercantil, culto, originário de Laguardia, Província de

Ávila, Espanha, com a Srta. Matilde Rivera, mulher educada e delicada personalidade, médium falante e escrevente, de nacionalidade mexicana.

O casal Villar era constituído por duas almas muito afins que, em nosso país, desenvolveu a nobre missão de semear o Espiritismo, iniciando uma etapa de ouro que se prolongou pelo espaço de 20 anos.

No mesmo ano, de 1899, fundam o Centro Espírita "Amor y Progreso en Cuantla" e a Revista *Obrero Espírita*, órgão que difundia a doutrina e instruía obreiros e artesãos com conhecimentos úteis para a superação.

Tinham relações de amizade com dom Rufino Juanco, nascido em Pamplona, Espanha, culto sacerdote jesuíta que havia vindo ao México para, logo, ordenar-se mas que, ao compenetrar-se da verdade espírita, desistiu de voltar à sua pátria. Com o matrimônio, Villar adquiriu grande convicção, a ponto de constituir-se, depois, fervoroso propagador. O Sr. Francisco I. Madero também era amigo espírita e, com outras pessoas, se iniciaram na tarefa de organizar o *Primeiro Congresso Espírita de 1906*, brilhante Congresso, no qual o sr. Villar foi nomeado por seu perseverante trabalho e estudos, merecedor de ser Delegado do "Primeiro Congresso", nascendo, deste, a Junta Permanente como primeira organização

Espírita no México. Durante as funções de trabalho desta Junta, nasce a primeira "Sociedad Femenina" instituída por Matilde Rivera de Villar.

As dificuldades políticas do país, em 1912, obrigaram o casal Villar a sair de Cuantla e instalar-se na capital, fundando aqui uma nova Sociedad "Amor e Progreso", na qual recolheram psicografias, comunicações de Espíritos perturbados. Este livro intitula-se *Album de Ultratumba,* com prólogo de dom Runifo Juanco e Introdução de Matilde Rivera de Villar.

No ano de 1913, em 22 de fevereiro, ocorre no México a Dezena Trágica, em que é sacrificado Dom Francisco I. Madero, que havia sido aclamado pelo povo como Presidente da República, derrotando o governo de Dom Porfirio Diaz, que durante 33 anos havia governado o país sob uma ditadura.

Nos fins de 1913, dirigem-se novamente para o interior do país; em vários Estados, fundam Sociedades e Centros de Estudo, defendendo a doutrina.

O número de espíritas cresce. Relacionam-se com Sociedades da Espanha e Portugal, destacam-se novos valores e cresce a figura de dom Rufino Juanco, que, com sua eloquência e dinamismo, dá vida ao Espiritismo.

Amparo Morgado Estrada.

MIGUEL VIVES Y VIVES

Foi um apóstolo do Espiritismo na Espanha. Desencarnou em 28 de janeiro de 1906, na cidade de Tarrasa, província de Barcelona, onde desempenhou sua fecunda missão.

Fundador da "Federación Espírita del Vallés", da qual surgiu a de Catalunha; fundou, também, o "Centro Espírita Fraternidad Humana", de Tarrasa.

Foi Presidente do "Centro Barcelonés de Estudios Psicológicos". E como periodista espírita, fundou a revista *Unión*, mais tarde incorporada à revista *Luz del Porvenir*.

Não se dedicou à literatura, mas deixou uma pequena obra *Guía Práctica del Espiritista*, que assinara como Miguel Vives, e em cujo prefácio se lê: "Não sou escritor, mas sou médium. Assim, nunca poderei ter a pretensão de haver feito nada de bom somente por mim. Se alguma coisa saída de minha pena, merece a aprovação de meus irmãos, veio dos Bons Espíritos que me assistem. Tudo quanto se nota de deficiente em meus escritos, é obra de minha inteligência, mas os bons irmãos espíritas, que tão indulgentes têm sido comigo, até agora, espero que o continuem sendo, e que saibam distinguir o bom que vem dos Espíritos e o insuficiente que é meu."

Pregou o Evangelho, exemplificou a vida cristã e profetizou as tormentas que se abateram sobre a Espanha, concitando a juventude espírita a preparar-se para enfrentá-las. A guerra civil de 1936 - 1939, instaurando o fascismo no país, realizava a profecia de Vives: o Espiritismo foi riscado do mapa, seus principais dirigentes sacrificados ou desaparecidos, mas as palavras e a imagem do profeta não se apagaram. E a juventude espírita seguiu o exemplo dos cristãos primitivos.

(Dados extraídos de *O Tesouro dos Espíritas*, tradução brasileira do livro de Miguel Vives, *Guía Práctica del Espiritista* (contracapa).)

PEDRO ÁLVAREZ Y GASCA

O professor Pedro Álvarez y Gasca nasceu na cidade de Moroleón, Estado de Guanajuato em 4 de novembro de 1913.

Foi o sexto filho do matrimônio constituído pela senhora sua mãe, Maria Gasca de Álvarez, mestre de escola e Dom Primitivo Álvarez, farmacêutico originário de Michoacán.

Seus primeiros anos de estudo primário e secundário realizou-os na cidade de Morelia, Michoacán, com muito esforço, pois desde seu nascimento, na época da revolução, seu organismo foi débil e enfermiço; à diferença de outras crianças que gostavam dos jogos ativos, ele buscava a quietude e, em outras ocasiões, o isolamento.

Mas não se pense que ele era triste; seu caráter era afável e bondoso e costumava, em muitas ocasiões, fazer brincadeiras ingênuas ou perspicazes a seus companheiros. Como era muito observador das pessoas, fazia-lhes versos sérios ou jocosos. Os "dias dos mortos" eram propícios para escrever galhofas e com muita agudeza crítica escreveu algumas muito simpáticas, que eram levados à imprensa da cidade e logo reproduzidos no periódico local. Na época, o irmão Pedrito contava com dez anos de idade.

Ao terminar sua instrução secundária, ampliou seus estudos tomando aulas de biologia e dos idiomas: Inglês, Francês e Alemão; (Português estudou mais tarde, quando adulto), assim como de música, com o professor Eugenio Escalante com quem aprendeu a tocar bandolim, banjo e violino. O estudo da História da Arte e História Pré-hispânica e Colonial apaixonou-o muito e, posteriormente, constituiu, ao longo de sua vida, sua vocação principal.

O esforço pela superação o realizava, apesar da deficiente saúde que padecia. Seus pais e familiares sempre estavam preocupados por ele, levando-o a consultas com vários médicos, sem encontrar esperanças satisfatórias.

Certo dia, desesperado por não encontrar alívio, aceitou que seu irmão José o levasse a um Centro Espírita da cidade de Morelia; nesse Centro encontrou seu alívio através de curas fluídicas que lhe foram proporcionadas pelo Espírito do Dr. Enrique G. de la Garza. Este acontecimento determinou sua conversão ao Espiritismo.

O irmão Pedrito tinha uma importante missão a cumprir, missão que se perfilou desde seus primeiros anos de vida e, com a recuperação de sua saúde, a revelação de seu destino. A formação religiosa católico-cristã que recebeu em sua infância no lar, contribuiu no desenvolvimento de sua sensibilidade e, por consequência, na compreensão do conteúdo moral e espiritual do Espiritismo. Dizia o irmão Pedro: "O Espiritismo chegou a mim sem causar-me assombro. Desde o primeiro momento, aceitei-o de forma muito natural e foi-me fácil sua compreensão. Comecei a estudar nos livros de Allan Kardec e descobri, desde então, a causa de todos os meus padecimentos."

Nesse tempo, Pedrito contava com vinte anos de idade e encontrava-se trabalhando como Ajudante

Administrativo na Casa de Morelos, convertida, mais tarde, em Museu. Era o ano de 1933.

Três anos depois, em 1936, seu irmão José, que então se encontrava no México, convidou o irmão Pedrito a mudar-se para essa capital, pois era-lhe oferecida uma nomeação como Etnólogo na Direção de Monumentos Coloniais da Secretaria de Educação Pública.

No ano de 1945, o irmão Pedro contraiu matrimônio na cidade de Morelia, com a Srta. Juana Sánchez Hernández.

Tanto o irmão Pedrito como o irmão José, na época, já tinham um formação espírita muito sólida; frequentavam Centros e eram convidados a proferir conferências; lembramo-nos, precisamente, do irmão Pedrito quando, no mês de novembro de 1941, na então Sociedade Heliosóphica "Amigos de la Verdad", que se localizava na rua Protásio Tagle n°45, em Tacubaya, D.F., participou de um ciclo de conferências que incluiu uma semana, na qual participaram os irmãos Alfredo Lorenz, Dom Ramón Guzmán, Dom Rufino Juanco, José Alvarez y Gasca perante um numeroso auditório, sustentando brilhante conferência.

Em 1950, restabeleceu-se a "Central Espírita Mexicana" com o irmão Rufino Juanco, colaborando destacados espíritas do interior como Dom Mariano Salem, de Tampico; Agustín P. Carranza e Dom Benjamín Salazar, da Ciudad Juárez; Dom Rosendo Ramirez, Dom Agustín Pérez, Miguel Lezama, Aristeo e Angel Calva, de Tlaxcala; o professor Jesús García Lucio, de Tampico e muitos mais. Nesta etapa de reorganização da C.E.M., o irmão Pedrito manifestou seu empenho e ampla colaboração. Recordamos, com muita emoção, as reuniões que mensalmente se realizavam no "Salón de Actos de la Escuela de Comercio y Administración" que, na época se encontravam na Cidadela, época importante que reuniu os esforços que, posteriormente, deram início à atual "Central Espírita Nacional Mexicana", protocolada perante a Secretaria do Governo.

(Dados extraídos da revista *Alborada* nºs 68 e 69, abril e julho de 1981, México. Amparo Morgado Estrada.)

QUINTÍN LÓPEZ GÓMEZ

É impossível falar do movimento espírita espanhol sem dedicar um capítulo a Dom Quintín López Gómez: um dos nossos mais fecundos escritores e filósofos mais profundos e, com toda a segurança, um dos homens que mais trabalharam em língua espanhola para a propaganda de nosso ideal.

Nasceu em Calvarrasa de Arriba, província de Salamanca, em 22 de maio de 1864 e passou sua infância mudando, a cada momento, de domicílio, ao acaso de postos a que era destinado seu pai, militar sem graduação; com a circunstância especial de haver tido durante esses anos mais de quarenta professores diferentes, o que não podia favorer de modo algum a solidez de sua instrução. Porém, a vontade vence todos os obstáculos e a do pequeno Quintín era muita e, assim, vemos como aos catorze anos fez suas primeiras armas, no templo das letras, em uma pequena publicação de Huesca, intitulada *La Abeja del Pirineo*. Aos dezessete anos, passou para outra imprensa na qualidade oficial e ali conheceu o visconde Torres Solanot. Sua iniciação espírita data, precisamente, daquela época, sendo seu iniciador Dom Alberto Atalaya, que lhe deu para ler os *Preliminares al Estudio del Espiritismo* do Visconde e um número da *Luz del Porvenir*. Interessou-se pelo que lia e decidiu assiná-la.

Ingressou na "Sociedad Sertoriana de Estudios Psicológicos", orgulhoso de sua convicção espiritista e, quando essa entidade quis publicar uma revista e nenhuma oficina de Huesca dignou-se a imprimi-la, alguns entusiastas tomaram, por sua conta, e compraram tipos e prensa para isso, ficando o jovem caixista encarregado de todo o trabalho. Compunha, imprimia, dobrava e enviava. Assim nasceu o *Iris de Paz,* cuja publicação foi interrompida pela epidemia colérica, durante a qual os membros da "Sociedad Sertoriana" se transformaram em enfermeiros benévolos, o que motivou fossem propostos para a cruz de beneficência, que recusaram.

Trabalhou, depois, na *Revista de Estudios Psicológicos de Barcelona*, *La Revelación* de Alicante, *El Buen Sentido* de Lérida e *El Critério Espiritista* de Madri; até que, casado com dona Rosa Coll y Coll, a cujos delicados cuidados deve muito dom Quintín, haver saído bem da grave enfermidade que o reteve na cama durante vários meses, começou, em 1883, a publicar *Lumen* que, depois, se fundiu com a *Revista de Estudios Psicológicos*, até que o proprietário desta decidiu suspendê-la, continuando, então, a publicação de *Lumen* por longos anos, até que a enfermidade o obrigou a suspender a que havia sido, sem dúvida alguma, uma das melhores revistas espíritas de língua espanhola.

Quintín López Gómez publicou mais de cinquenta obras, destacando-se entre elas: *El Catolicismo Romano y el Espiritismo, Hágase la Luz, Ante Todo la Verdad, A,B,C, del Espiritismo, Filosofía, la Mediumnidad y sus Misterios, Los Fenómenos Psicométricos, Metafísica Transcendente, Conócete a tí Mismo, Rasgando el Velo, Interesante Para Todos, El Arte de Curar por el Magnetismo, Ciencia Magnética, Hipnotismo Filosófico, Prometeo Victorioso, Diccionário de Metapsíquica y Espiritismo*, etc, etc.

Em todas estas obras sobressai, além de um profundo conhecimento da Filosofia Espírita e de tudo quanto com nosso ideal se refere, um sentido filosófico tão grande, que bem podemos afirmar que Quintín López com Gonzalo Soriano são duas das mais fortes colunas que teve o Espiritismo.

Septuagenário já, depois de uma longa enfermidade e da cruel intervenção cirúrgica, nosso venerado amigo reinicia seus trabalhos e o "Centro de Estudios Psicológicos de Sabadell" dedicou-lhe uma homenagem à qual se uniu todo o Espiritismo espanhol em uma prova grandiosa de carinho e respeito.

Opinamos, conhecendo-o como o conhecemos, que Quintín López nunca deu por terminado seu trabalho, e nos felicitamos, sinceramente, por ele.

(Dados extraídos por Dom Liborio Calvo da cidade de Zaragoza, Espanha).

RUFINO JUANCO

Dom Rufino Juanco tem uma biografia muito interessante desde seus primeiros dias de nascimento, no povoado de Garayoa, província de Navarra, Espanha, em 16 de novembro de 1875.

Cursa seus estudos em Pamplona.

Tem em sua alma um sentimento humanístico, uma notável nobreza profunda que pugna por manifestar-se em benefício da humanidade.

Umas vezes com menção honorífica em seus estudos, outras com felicitações e sem faltar algumas vezes as réplicas de seus mestres que sabem, é possuidor de dotes pouco comuns nos demais.

Vai terminar sua carreira sacerdotal.

Deve ordenar-se perante o júbilo de seus superiores.

Mas, um acontecimento faz modificar o rumo de sua vida.

É enviado ao México em missão precursora de sua Ordenação Sacerdotal.

Viaja.

Conhece a província mexicana. E no transcurso desse tempo, chega a ser amigo familiar do Bispo de Puebla. Logo, ocasionalmente, estando em férias em San Luis Potosí, a vida o põe em contato com um Colégio Wesleiano.

Seu espírito ávido de conhecimento, não desdenha nenhuma opinião, nenhum ponto de vista contrário aos seus ideais, daí que aceita e se interessa pelo conteúdo desta Religião que, em sua essência, leva o sentimento de cristandade.

Alguém descobre que seu cérebro é prodigioso; aprende depressa, tem fácil expressão, eloquência, firmeza e vigor. Convidam-no a frequentar o templo, a aceitar uma cátedra no Colégio. Ele aceita sem demora.

Que maravilhosa oportunidade aquela! Magnífica oportunidade para desenvolver a oratória e conduzir as almas no caminho da perfeição. O Evangelho, para ele, é fácil de aprender, memoriza versículos; domina a oratória delicadamente enriquecida com o verbo de sua cultura e sua eloquência.

Ao pronunciar os versículos, a interpretação que ele dá é outra, encaminhada ao seu critério e superior ao que outros lhe indicam.

Assim não convém aos interesses dos Mestres e tem, então, que abandonar seu ministério.

Continua sua marcha e seu destino.

Vai daqui para lá, em busca da Verdade, tratando de satisfazer inquietudes que carrega seu espírito sempre inquieto.

É agora, Ministro de outra igreja protestante na cidade do México.

Certo dia, ao terminar sua pregação, deve fechar o templo e descobre duas senhoras, humildes, de idade madura. Não se vão. Esperam algo. Ele, com atenção, interroga-as, dizendo-lhes que é hora de fechar, que o serviço já terminara.

"Sabemo-lo, porém, esperamos pelo senhor."

Então, lhe manifestam que o esperam para convidá-lo a ir a um Centro Espírita. Ele não sabe o que é e elas lhe explicam, conduzindo-o à reunião.

Como é homem amante do saber, aceita. E vai, pela primeira vez, a um Centro Espírita.

Não compreende o fenômeno. Nada sabe.

Com muitas interrogações em sua mente, abandona o recinto, confuso e pensando que aquelas pessoas são ignorantes e estão equivocadas. Porém, ali mesmo, conhece Dom Victor del Villar que o convida para suas sessões na cidade de Cuautla, Morelos.

Ali conhece a família Villar, sobretudo a Sra. Matilde R. de Villar, esposa de Dom Victor.

"Nunca conheci família de maior convicção espírita" – dizia.

Assiste às reuniões, estuda incansavelmente, penetra na essência profunda do Espiritismo e, por convicção, declara renunciar ao seu ministério sacerdotal.

A partir de então, converte-se no mais assíduo estudante espírita. Estuda as obras de Kardec.

Convencido, observa, analisa, raciocina e prega

a verdade descoberta, essa Verdade que, por muitos anos, sem sabê-lo, sua alma buscava, inquietamente.

Ocupou, em várias ocasiões, a Presidência da Federação Espírita.

Sua oratória percorreu as tribunas dos Centros. Sua pena foi fecunda, seu verbo resplendia beleza oratória e sentimento.

Através dos campos e cidades, em cartas e periódicos, deu a conhecer, a todo o mundo, especialmente no México e na América, seu pensamento.

Junto a um punhado de homens, silenciosamente prepara uma nova organização. Muitos o secundam.

E, um dia, depois de uns anos de trabalho, surge o que é hoje a "Central Espírita Mexicana".

Sua fundação realizou-se em 15 de abril de 1950.

Conta já com 78 anos de idade.

E como se o Bem Infinito houvesse assim querido, quando começava a regozijar-se por sua crescente obra, saiu deste mundo.

Ninguém o esperava. Só ele que, um mês antes, pessoalmente, em homenagem que o "Centro Paz, Unión y Progreso" dedicou em comemoração de seu natalício, em 9 de novembro, pressente sua desencarnação: fala da morte e nos dá a conhecer o próprio epitáfio:

"Esta é a porta da azul morada;

muitas vezes cruzaste seus dintéis.

Oh, alma, a um grão de pó acorrentada!

Seu corpo se converte em pó, em nada,

enquanto que na outra margem,

o celeste viajante solta o remo,

abandona a barquinha, e

segue alegre seu caminho!..."

Dias depois, em 7 de fevereiro de 1953, exalava o último suspiro...

(Dados extraídos da Revista *Alborada*, janeiro de 1971 – México).

Conheça mais sobre a
doutrina Espírita
através das obras de
Allan Kardec

www.ideeditora.com.br

Caminho Espírita
Chico Xavier

Paz e Renovação
Chico Xavier

Edificantes e esclarecedoras mensagens de autores espirituais, a nos conduzir, de maneira cristã e segura, compreendendo que:
"...o caminho espírita é a estrada real da criatura com todas as indicações exatas para a viagem de nosso aperfeiçoamento e libertação."

Emmanuel

"A renovação íntima é o fator básico de todo reequilíbrio.
Daí procede, leitor amigo, a organização deste volume despretensioso, englobando avisos, apelos, comentários e lembretes de irmãos para irmãos, no propósito de estudarmos juntos as nossas próprias necessidades.
É um convite a que nos desagarremos das sombras do desânimo ou da inércia, para nos colocarmos todos no encalço das realidades do Espírito."

Emmanuel

ISBN: 978-85-7341-470-7 | *Mensagens*
Páginas: 224 | **Formato:** 14 x 21 cm

ISBN: 978-85-7341-463-9 | *Mensagens*
Páginas: 224 | **Formato:** 14 x 21 cm

**André Luiz -
Meditações Diárias**
Francisco Cândido Xavier,
por Espírito André Luiz

**Emmanuel -
Meditações Diárias**
Francisco Cândido Xavier,
por Espírito Emmanuel

Desde a publicação do livro Nosso Lar, em 1943, recebido pelo médium Chico Xavier, o seu autor espiritual, André Luiz, ficou muito conhecido, pois foi o primeiro de uma série de treze livros que, num estilo inconfundível, veio desvendar a vida no Plano Espiritual. Mas além dessas obras, o Espírito André Luiz também enriqueceu a literatura espírita com suas mensagens esclarecedoras, de abordagem direta, nos chamando para a responsabilidade de nossos atos no dia-a-dia de nossa vida.
E este livro encerra uma coletânea de suas melhores mensagens, sempre em parceria com o grande médium Chico Xavier, proporcionando, ao prezado leitor, momentos de reflexão para uma vida mais feliz dentro dos preceitos do Cristianismo Redivivo.

Emmanuel foi o dedicado Guia Espiritual de Chico Xavier e Supervisor de sua obra mediúnica, que deu origem a mais de 400 livros, desdobrando a Codificação realizada por Allan Kardec.
Do seu passado espiritual, sabemos que nos últimos vinte séculos, ele reencarnou várias vezes. Assim, o conhecido romance "Há 2.000 anos..." apresenta-nos a sua existência na figura do senador Públio Lentulus, autor da célebre carta endereçada ao Imperador romano, onde fez o retrato físico e moral de Jesus.
E este livro encerra uma coletânea de suas melhores mensagens, sempre em parceria com o grande médium Chico Xavier, proporcionando, ao prezado leitor, momentos de reflexão para uma vida mais feliz dentro dos preceitos do Cristianismo Redivivo.

ISBN: 978-85-7341-440-0 | *Mensagens*
Páginas: 160 | **Formato:** 14 x 21 cm

ISBN: 978-85-7341-449-3 | *Mensagens*
Páginas: 160 | **Formato:** 14 x 21 cm

Chico Xavier

As mais belas mensagens de esperança

Coleção Pocket
CHICO XAVIER

- Fonte de Paz
- Tempo de Luz
- Comandos do Amor
- Servidores do Além
- Viajor
- Visão Nova

www.ideeditora.com.br

No ano de 1963, Francisco Cândido Xavier ofereceu a um grupo de voluntários, o entusiasmo e a tarefa de fundarem um Anuário Espírita. Nascia, então, o Instituto de Difusão Espírita, cujo nome e sigla foram também sugeridos por ele.

A partir daí, muitos títulos foram sendo editados e o Instituto de Difusão Espírita, entidade assistencial, sem fins lucrativos, se mantém fiel à sua finalidade de divulgar a Doutrina Espírita através da IDE Editora, tendo como foco principal, as Obras Básicas da Codificação, sempre a preços populares, além dos seus mais de 200 títulos em português e espanhol, muitos psicografados por Chico Xavier

O Instituto de Difusão Espírita, conta, também, com outras frentes de trabalho, voltadas à assistência e promoção social, como o Albergue Noturno, evangelização, alfabetização, orientação para mães e gestantes, oficinas de enxovais para recém-nascidos, entrega de leite em pó, vestuário e cestas básicas, assistência médica, farmacêutica, odontológica, tudo gratuitamente.

O produto deste e dos outros livros da **IDE Editora**, subsidia a manutenção do baixíssimo preço das **Obras Básicas**, de Allan Kardec, mais notadamente, **"O Evangelho Segundo o Espiritismo"**, edição econômica.